U0728351

遇见·美好

——"双元耦合"班级建设模式
成果展示

主 编：李耘心 李兆斌

副主编：孙春瑜 姜泽辉

编 委：毕建英 张 倩 高 嵩 许业伟 贾桂杰

中国海洋大学出版社
·青岛·

图书在版编目（ＣＩＰ）数据

遇见·美好:"双元耦合"班级建设模式成果展示 /
李耘心, 李兆斌主编. — 青岛 : 中国海洋大学出版社, 2021.10
ISBN 978-7-5670-2981-1

Ⅰ.①遇… Ⅱ.①李… Ⅲ.①中等专业学校—班级—
学校管理—研究 Ⅳ.①G632.421

中国版本图书馆CIP数据核字(2021)第 217603 号

出版发行	中国海洋大学出版社
社　　址	青岛市香港东路23号　　邮政编码　266071
出 版 人	杨立敏
网　　址	http://pub.ouc.edu.cn
订购电话	0532-82032573（传真）
责任编辑	张　华
照　　排	青岛光合时代传媒有限公司
印　　制	青岛国彩印刷股份有限公司
版　　次	2021年10月第1版
印　　次	2021年10月第1次印刷
成品尺寸	170mm×240mm
印　　张	11
印　　数	1~1000
字　　数	180千
定　　价	38.00元

如发现印装质量问题，请致电 0532-58700166，由印刷厂负责调换。

2019 年上半年，青岛市教育局启动首批职业学校名班主任工作室遴选工作，李耘心名班主任工作室有幸成为首批 10 个职业学校名班主任工作室之一。

工作室主持人李耘心老师自 2009 年进入中职学校起，便一直从事"职业生涯规划"课程的教学工作。她在多年教学工作中努力挖掘职业生涯规划在目标激励、价值导向、自我教育等方面的积极作用，并将职业生涯规划与班级建设相结合，摸索出一套适应中职学生身心发展特点、以关注中职学生职业生命成长为育人目标的"双元耦合"班级建设模式。

"双元耦合"班级建设模式将职业生涯规划教育融入班级建设中，构建以职业生涯规划教育全过程与班级建设全方位高度融合、学生个人发展目标与班级发展目标同步契合、学生自主管理能力与职业能力联合提升同向吻合为主要特征的创新型班级建设模式。

李耘心名班主任工作室成立之初，就将"双元耦合"班级建设模式作为重点研究项目，以"双元耦合"班级建设模式研究为引领，不断更新工作室成员的教育理念，提升青年班主任的教、科研能力和班级建设能力。两年来，工作室的老师们在带班过程中，将"双元耦合"班级建设模式的教育理念应用于班级建设和班级管理，设计并召开了"梦想有多远""让梦想照进现实""原来创新我也行""怀匠心、践匠行、做匠人""精准择业，成就人生"等职业生涯规划系列主题班会；组织开展了"家庭关系树""榜样在身边""挑战不可能""模拟企业经营"等职业调查采访、职业体验系列主题实践活动。在日常班级管理过程中，面对琐碎繁杂的各项工作、状况层出不穷的"熊孩子"，老师们不急不躁，遵循教育原理，运用教育智慧，采用一个个或机智、或温暖的小妙招化解矛盾、启迪心灵。

老师们在实践中不断探索创新，使"双元耦合"班级建设模式愈加完善、体系更为健全，在班级建设和人才培养中取得了喜人的成绩，工作室成员的个人教育教学能力也得到了显著提升，业务能力快速成长。

本书是李耘心名班主任工作室"双元耦合"班级建设模式研究实践的部分成果。令人感动的是，在研究实践过程中，青岛华夏职业学校各级领导从理论引领到实践操作，给了工作室的老师很多帮助和指点。侯蕾副校长更是多次参加工作室会议和培训，对工作室的各项工作给予大力支持和学术指导。

本书是专家引领、工作室成员集体智慧创作所成。出版过程中，得到了社会各界人士无私的帮助和支持，在此向所有的领导、同事、朋友表示感谢。因水平有限，书中不恰当之处，希望获得大家的批评指正。愿与关注中职班级建设与学生职业生命成长的朋友们多多交流，展卷开怀。是为序。

李耘心名班主任工作室

2021 年 8 月

目录

"双元耦合"助力成长

妙招解困提升品质

班主任工作平凡而琐碎，每天都要面对层出不穷的各种问题；班主任工作是长期而艰巨的，让每一朵鲜花怒放，不是一朝一夕的事情；班主任工作是教育行业中最富有挑战性的，因为我们面对的是一个个鲜活的生命，他们个性迥异、成长背景千差万别，随时都有可能惹点小麻烦或者给你意想不到的"惊喜"！正因如此，班主任工作又是最幸福的，因为在每一天的平凡和琐碎中，我们充实着自己的生命，体现了自己的价值；在这项长期而艰巨的工作任务中，我们播下希望，收获果实；在与学生们"斗智斗勇"的过程中，我们得到了源源不断的动力，激发出创新、实践的热情。

工作室的老师们正是以这种觉悟投入日常的班主任工作中，面对不自信的学生，不仅仅对其进行开导，更是通过寓教于乐的主题活动让学生感悟，激发"我能行"的力量。面对家庭残缺、心理受创的女生，老师们多管齐下，帮助学生弥合心灵创伤，焕发新的生机与活力，也让家庭走出阴霾，重浴阳光。手机管理问题以及由此引发的学生情绪管理问题已经成为当前的教育难题。老师们迎难而上，各出奇招，帮助学生做好手机管控，合理调控个人情绪，做情绪的主人。教育中的惩戒往往因为生硬的形式和手段，很难触动学生心灵，还会拉远师生之间的距离。老师们开启教育智慧，在充分尊重和保护学生自尊的基础上，注重调动和启发学生的自省机能，培养其自我教育的意识，使其主动为自己的错误行为埋单。在班级建设过程中，老师们为了优化班级组织、提高班级育人功效，还从班干部队伍建设以及班级活动有效开展等方面不断进行新的尝试，寻找最有效的方法，提高自己的班级建设水平。

文中一个个或机智、或温暖、或发人深省的班级管理小妙招，是老师们教育智慧的结晶，更是老师们对待教育、对待学生的一颗赤诚之心，他们在用心做有温度的教育。

"炸"出来的自信

青岛外事服务职业学校　毕建英

毕建英，青岛外事服务职业学校教师，李耘心名班主任工作室成员，从事班主任工作 15 年。高级讲师，国家三级心理咨询师，萨提亚咨询师（初级），青岛市青年教师优秀专业人才。所带班级多次获评青岛市优秀班集体、先进团支部。在班主任工作中注重言传身教，尊重学生，用欣赏的眼光发现每个学生的闪光点，用理智的爱包容学生的不同个性，抱着合作的精神，与家长沟通交流，擅长学生的心理健康教育工作。

教育理念：管是态度，爱是桥梁，以情动心，以心促行。

【案例聚焦】

小 C 是一个长相清秀、有舞蹈特长的女生，但走路总爱低着头。在我想让她担任班级文娱委员的时候，她拼命摇头，反复说："我不行，我不行！"委任班委被如此拒绝还真是第一次。渐渐地，我发现班里和小 C 有一样表现的学生还有好几个：遇到事情总是往后退，不肯主动站出来承担；老师如果真把任务派给他们，他们却完成得非常出色。我意识到，他们不是没有能力，而是缺乏自信。

【妙招解困】

为了帮助学生树立自信，我准备了一节班会课："优点轰炸"。

课前，我让每个学生写自己的优点，收上来一看，写得最多的也只有三条。

课上，我让学生们两人一组，面对面、手拉手，看着对方的眼睛，互相说出对方至少一个优点。听的同学只听，不发表意见，但要记住。然后交叉互换，直到听到全班所有同学的"优点轰炸"。

开始的时候，教室里的声音非常小，大家都不怎么说话，有的甚至连看着对方的眼睛都做不到。慢慢地，声音越来越大，学生们的眼神从羞涩到惊讶，从不可置信到笑意盈盈，从迷茫困惑到坚定明亮……

看着大家的变化，我知道，学生们已慢慢找到自己的优点，找回久违的自信。

课后，我又让学生们重新整理了自己的优点，做成卡片粘贴到课桌上，每当遇到难题想要退缩的时候就读读卡片，给自己树立信心，鼓励自己去尝试。

【教育原理】

马斯洛需求层次理论指出，人的需要由生理的需要、安全的需要、归属与爱的需要、尊重的需要、自我实现的需要五个等级构成。青春期学生的被尊重的需求强烈，自我实现的需要也逐渐增长。挖掘潜力、激发进取心、实现自我价值的关键是自信心的树立。

【总结反思】

职业学校的学生入学前，或者学习成绩一般，或者组织领导能力有限，初中时很少担任过什么职务，加之社会对职业教育的误解，很多学生入校后都表现得不那么自信。尤其是被老师委派完成一些任务的时候，往往第一句回答就是"我不行"。因此，培养、树立学生的自信心，让学生发现并认同自身的优点就显得极为重要。教师，尤其是班主任在建班初期应该尽快掌握班级状况，借助心理学方面的各种知识，有针对性地开展活动。

多管齐下，化茧成蝶

青岛华夏职业学校　高嵩

高嵩，青岛华夏职业学校教师，李耘心名班主任工作室成员，从事班主任工作11年。国家二级职业指导师，国家礼仪培训师。自2005年参加工作，在学校班主任工作评比中多次获优秀等级。指导学生参加全国中职学生文明风采大赛并获优秀指导教师称号。

教育理念：用心赏识每一个学生，营造快乐、和谐的班级氛围，用宽容的心对待学生和处理问题。

【案例聚焦】

小周是我班上的一名学生，今年17岁。她的家庭情况有点复杂，父母都是再婚，各自有一个儿子。妈妈在46岁的时候生下她，因此从小深受爸爸的宠爱，与爸爸的关系最为亲密。然而不幸的是，爸爸在她上初三的时候去世了，家里只留下她和妈妈。平时妈妈照顾她的起居，虽然也关心她的学习情况和她在学校的表现，但是教育方式并不得当，一味地唠叨激发了她的逆反心理。母女俩经常在家恶语相向，妈妈甚至动手打了她。其实小周本身是一个样貌出众、聪明机灵的孩子，只是她的一些行为和想法总是"与众不同"。这样的"与众不同"

令她年年受处分，她自己却不以为然。

通过与她的相处与观察，我认为她缺少基本需要的满足。

1. 亲情的需要

爸爸病逝，她跟着没有固定收入的妈妈过日子，妈妈经常在外为生活奔波，陪伴她的时间较少，缺乏亲情的沟通，没有一个良好的家庭教育氛围。每天放学回到家，家里大多是她一个人，冷冰冰的，更让她有一种孤独感。由于单亲家庭结构的残缺，她不太喜欢与人说自己的家庭，总觉得别人会因为她没有爸爸而看不起她。

2. 成功的需要

军训期间，小周的表现确实可圈可点，带领全班同学学军歌、唱军歌，并且在班主任不在的情况下组织班级参加军歌比赛。同学和老师对她在军训期间的表现给予了肯定，因此她萌生了想要当班长的念头。但是身为一名班主任，我在挑选班干部的时候是十分谨慎的，通常都会在期中考试之后，结合成绩以及半学期的表现来进行评选。当她得知要和其他人一起参与班长竞选时，她的积极表现也就停留在军训期间了。之后，小周作业上交不及时，课堂听讲不认真，心思用在了别的地方，虽然家庭条件很一般，但是花起钱来大手大脚，买起东西来都是要最贵的。

3. 理解的需要

和很多单亲家庭的家长一样，小周的妈妈也把孩子成长过程中出现的种种矛盾和问题都归咎于家庭的不完整，向孩子传递单亲家庭不正常的思想，使小周也认为自己的家庭是不正常的，自己和别人不一样。比如，妈妈经常说"没有爸爸很可怜""不能让别人瞧不起你没有爸爸"一类的话，给她的心灵罩上阴影。

【妙招解困】

为了帮助小周面对现实，使她真正感受到家庭和学校的温暖，消除自卑心理、重建自信心，我采取了以下方法。

1. 家校配合

首先与小周的妈妈经常保持联系，把小周的学习状况和精神状态及时告知，要求其无论多忙，都要经常给小周打电话，让孩子感觉到妈妈对自己的关爱。同时我建议小周的妈妈在她放学时尽量在家，与她谈谈心，说说一天中的见闻，不要只谈学习，多关心一下小周的兴趣爱好与交友情况。

2. 爱心呵护

在平日学习过程中我悄悄关注小周，发现优点及时表扬：专业课老师表扬了，英语课上举手发言了，数学作业及时上交了，午休组织同学饭后运动了，值日没扣分，艺术节获奖了……随时随地都有一张笑脸温暖着她，提醒她不要犯错，鞭策她不断进步。不知不觉中，她变了，撕掉了冷冰冰的面具，绽开了灿烂的笑容。她有一次问我说："您为什么对我这么好呢？"我笑着说："老师小时候和你有类似的经历，我更理解你啊！"她热泪盈眶。她还在给我的新年贺卡上写道："老师，感谢您的理解，我会努力做一名好学生，为班级争光，为您争光！"

3. 真情倾注

我利用课余时间，以一个朋友的身份找小周谈心，了解她的心事，关心她、帮助她，逐步走进她的内心世界，帮助她克服心理上的障碍。当她遇到困难时，及时地伸出援助之手，帮助她解决困难。在交谈过程中，我发现她非常依恋爸爸，非常不喜欢现在这种孤单的生活。逐渐地，她愿意与我交谈了，把我当成了朋友。

【教育原理】

美国心理学家罗杰斯提出，教师要尊重学生、珍视学生，在感情上和思想上与学生产生共鸣；应像治疗者对来访者一样对学生产生同情式理解，从学生的内心深处了解学生的反应，敏感地意识到学生对教育与学习的看法；要信任学生，并同时让学生感受到你对他（她）的信任。这样才会取得理想的教育效果。

罗杰斯主张，在学校中，教师应该是学生真诚可依赖的并且是毫无威胁的人，也就是说，教师和学生之间应该是一种帮助关系。他指出，建立这种帮助关系的过程是真诚＋同情＋无条件地主动关心。首先，教师要将自己的经验无条件地向学生开放；其次，要根据学生的自身情况，无条件地接受和理解学生。教师要让自己充分地进入学生的情感中，这样才能与学生之间建立互相帮助的人际关系。

【**总结反思**】

有人说，一切最好的教育方法和最好的教育艺术，都产生于教育者对学生无比热爱的炽热的心灵之中。单亲家庭的学生在家庭遇到变故时，往往心灵受伤，从而关闭与同学、老师交流的窗户。可他们拥有一颗渴望家庭温暖的心、一颗渴望大家关爱的心。爱是打开他们心扉的钥匙，是治疗他们心灵创伤的灵丹妙药。班主任必须与学生做好沟通工作，沟通是走进学生心灵的唯一途径。真正的教育是心心相印的双向沟通。无痕的关爱是打开学生心锁的钥匙，把心献给学生，像园丁那样，用晶莹剔透的水珠洒向需要关爱的弱势群体，使其茁壮成长，这是我们每位教师应该做的事情。

让情绪"飞"一会

青岛华夏职业学校　孙春瑜

孙春瑜，青岛华夏职业学校教师，李耘心名班主任工作室成员，从事班主任工作 3 年。获得生涯规划师职业资格，曾参加班主任综合能力提升、家庭教育指导师等多项培训，所带班级获评为 2019 年青岛市优秀团支部。在班级管理中最大限度地挖掘学生内在动力，倡导并推进职业生涯规划教育，帮助学生提升职业综合素养，为学生的终身职业发展奠基！

教育理念：成就最好的自己！

【案例聚焦】

学校加强对学生的手机管理，要求学生入校后必须上交手机，由班主任统一保管，放学后下发。住校生则需要上交手机一周，只有周末放学时才下发。

小韩是班里的住校生，平时较为乖巧，近期家长联系我，告知了一些迹象，猜测学生手里可能有手机。我通过多方面观察，在一天中午吃饭时发现了她偷偷玩手机的行为。在我看来，小韩同学本应该上交手机、承认错误并改正，但是她的情绪却绷不住了，在教室里咆哮，一边哭，一边大声喊："我不想上学了！连手机都不让拿，饭还那么难吃，又不让出校门（疫情期间封校管理）；

专业课也让人受不了，我一点兴趣也没有！我要退学！现在就给我开假条，我要回家！这个地方没法待了……"

开始时我试图引导她认识行为的不合理性，但是她根本听不进去，封闭在自己的情绪和逻辑世界里。

【妙招解困】

学生在情绪崩溃时，无论是劝说式还是批评式教育，都是徒劳的，此时学生处于情绪峰值，情感占据高点，理性不发挥作用。应该如何处理呢？我认为此时应该让情绪飞一会，沉默应对。

全班同学都在听着小韩的宣泄、咆哮，大家也在看我会做出什么反应。我没有发火，也没做任何举动，和其他同学一样看着她。过了一会儿她的情绪从峰值上慢慢下来时，主动问："老师，您什么时候给我开假条？"我让她先去办公室等我。此时的她，已经慢慢恢复平静，但是认识却没有改变。

回到办公室后，我继续处理其他事务，让她在一旁休息。说是休息，其实是让她自己冷静下来思考自己的言行。午休结束后，她主动上前承认自己的错误。此时，情绪的洪流已过，残留的只有内疚。

事后不久，我在班级中分别组织了关于自律和情绪管理的主题班会。在班会中我安排小韩同学担任主持人，围绕手机管理以及由手机所引发的一些师生冲突和同学间的冲突，同学们产开了热烈的讨论，并就手机管理和如何合理调控个人情绪达成了共识，取得了令人满意的效果。

【教育原理】

埃里克森的人格社会心理发展理论把心理的发展划分为八个阶段，其中第五阶段是获得同一感和克服同一性混乱的时期，指的是从十一二岁到十七八岁的青春期，这一阶段的核心问题是自我意识的确定和自我角色的形成。

青少年对周围世界有了新的观察与思考方法，他们经常考虑自己到底是怎样一个人，他们从别人对待自己的态度以及自己扮演的各种社会角色中，逐渐认清自己。

在学生情绪失控时，老师采取沉默的方式，可让情绪的"硬拳头"打在空处，学生在这种情境中会慢慢认识到自己的问题，逐渐认清自己，有助于达到较好的教育效果。

【教育反思】

在学生管理工作中，经常会碰到学生情绪失控的时候，特别是处于青春期的中职生，其理性控制的能力较弱，这种现象更为明显。此时，采取沉默的方式，让学生的情绪"飞"一会，给学生时间与空间处理自己的情绪。待学生情绪稳定后，可能不需要老师再引导、帮助其认识自身的错误行为，自己便能实现自我教育；如果学生仍然不能认识到自己的问题，这时双方也能够进行冷静的沟通，有助于教师更好地帮助学生厘清错误认识，达成教育转化的目标。

当然，情绪"飞"走后，老师不能再沉默，应该有后续的跟踪教育措施，便于学生养成控制情绪的好习惯，在遇到事情时采取合适的方式解决。

小凳子，大作用

青岛高新职业学校　李兆斌

李兆斌，青岛高新职业学校教师，李耘心名班主任工作室成员，从事班主任工作 20 年。毕业于山东农业大学，车辆工程硕士。所带班级被评为青岛市优秀班集体，多次荣获优秀班主任、学生最喜爱的老师荣誉称号，2016 年被评为"感动高新"年度人物，2017 年被评为青岛市魅力教师。在多年班主任工作中，满怀爱心，以育人为己任，全力以赴做好学生的人生导师。

教育理念：德才兼备，做老师教书育人；敬业奉献，助学生成长成才！

【案例聚焦】

晚自习期间，值勤学生跑来向我报告："老师，你班学生上课玩手机，我们按照规定进行扣分并没收手机的时候，他坚决不承认玩手机，还和我们吵起来了！"我赶紧到教室去查看，徐同学面红耳赤，正在和另一名执勤学生大声吵嚷，言辞激烈，一副准备武力解决的架势。"老师，我没玩手机，是他找我事，我早就看他不顺眼了，再这样看我不收拾他！"他怒气冲冲，出言不逊。"你胡说！你就是上课玩手机了，你不用威胁我，谁怕谁！"被激怒的执勤学生也不甘示弱……

【妙招解困】

我把徐同学带到了办公室，让他坐下冷静冷静。待他情绪平复下来，我询问了事情的经过。原来他刚刚买了一个价格不菲的新款名牌手机，同学们都很羡慕，他自己也爱不释手，所以今天晚自习时他没有按照要求把手机统一放在讲台上。因为担心被查到违规使用手机，他也没有使用手机聊天或者玩游戏，只是时不时地偷偷拿出来欣赏一下。"老师，我错了，刚才很不冷静，不应该和值勤同学发生冲突，我也没有严格遵守手机管理规定，把手机交上去。"冷静下来的他很快就承认了自己的错误。采用恰当的方法可有效解决学生的情绪冲动，体现教育的作用。

1. 做好情绪管理，防止情绪失控

在班级管理过程中，要让学生深刻反省错误、接受批评教育不是一件轻而易举的事情。特别是当学生因为情绪不佳、要面子等原因与老师当面发生冲突的时候，如若处置不当，会造成学生情绪失控、说话蛮不讲理甚至离校出走等严重后果，并造成不良影响。遇到这样的事情，怎样化解场面的尴尬，快速突破学生的心理防线？首要的是控制好学生的情绪。

以前学生犯了错，老师会把他们叫到办公室。他们站在老师面前就会低下头，做好一切抵抗准备——不管是狂风骤雨还是和风细雨，只要熬过老师的数落就胜利了！不走心的教诲，往往没有任何效果，一顿说教之后，学生往往还是老样子，我行我素，屡教不改。

现在，我在办公桌旁边特意放了一张小凳子，我会让犯错的学生坐在我面前，待他情绪平复以后再开展工作——倾听学生的心声，帮助他查找错误的根源，分析行为后果，确定解决问题的办法。

2. 建立平等和互相尊重的师生关系

老师和学生面对面坐在一起，像朋友一样聊天，老师不再站在管教的制高点上居高临下，学生不再仰望老师的严厉面孔。这种做法向学生展示了平等、友好、信任，缓解了学生的焦虑，拉近了师生之间的情感距离，易于取得学生的信任，

3. 加强沟通，增进信任

用好这个小板凳，可以架起师生之间沟通的桥梁，发挥以下作用：

（1）可以和学生谈心，了解学生发展需求，掌握班级动向。

（2）可以化解学生的敌对情绪，消除学生的敌意。开展批评教育时，学生不再是被老师居高临下地批评，而是感到愧疚而主动反省。

（3）易于激发学生的同理心，换位思考，将心比心；能够让学生感受到老师的爱与温暖，理解老师的良苦用心。

（4）便于学生接受老师的批评教育与开导，共同查找问题的根源，接受老师的建议和帮助。

【教育原理】

1. 尊重平等教育

我国著名发展心理学家陈会昌教授在做教育部课题"社会转型期中小学生的个性、品德发展与教育"时提出了尊重平等教育理论，共包括八个部分：实施尊重平等教育；人格全面发展教育；把态度学习放在重要位置；德育的自我—他人模式；加强外控，引导内控；激趣、启思、导疑；教师的自我教育；我们的教育理想。

2. 情绪管理

情绪管理是在觉察情绪后进行情绪调节，即在管理情绪的过程中，通过一定的策略和机制，使情绪在生理活动、主观体验、表情行为等方面发生一定的变化。情绪管理分为两个大方面，一个是处理消极负面情绪，一个是增强承受压力的能力。

处理消极负面情绪的方法有很多，如环境调节法、能量排泄法、语言调节法、注意力转移法、人际关系调节法、认知调节法。

【总结反思】

自从我用上这个小凳子，学生慢慢理解了我的用意，学生犯了错会感觉不好意思坐下，目光不敢直视老师，大多会低头认错，愧疚之情溢于言表。

中职生正值青春期，做事易冲动，情绪易失控。让违纪犯错的学生先坐下来冷静一下再进行处理，是为了帮助他们进行情绪管理，也是对学生自尊心的一种保护，有助于实施尊重与平等教育，改善学生成长环境，促进学生素质全面发展，达到良好的育人效果。

模糊也是一种智慧

青岛旅游学校　姜泽辉

姜泽辉，青岛旅游学校教师，李耘心名班主任工作室成员，从事班主任工作 9 年。毕业于山东师范大学日语系，国家三级心理咨询师。2020 年 11 月，获青岛市班主任优质课二等奖。

教育理念：虚心学习，用心倾听，真心帮助，耐心指导，精心打造。

【案例聚焦】

上课时，我发现小张同学趴在桌子上，好像是睡着了。我便在讲台上喊道："小张，赶紧起来，上课了！"但是，小张没有动，依然趴着。我感到很奇怪，也有点生气。因为我认为上课睡觉是不爱学习的表现，更重要的是他在大庭广众之下，对于我的"命令"置之不理，是对我的冒犯和挑战。我便走上前去，拍拍他的后背，让他站起来。小张只是动了几下，依然没有抬头，所有学生的目光都集中在我和小张身上……

【妙招解困】

我来到小张身边，蹲下身来问他是不是身体不舒服。小张还是没有任何表示，我接着说："身体没有问题就好，看来是遇到什么事情了，咱们下课再谈。"然后，我继续上课。下课后，我带小张同学来到校园的安静之处，与他进行交谈，了解情况。

交谈的时候，我让小张坐在我的身旁（最好是左侧），避免相视而坐，充分了解小张课堂上表现的原因后，对小张进行了具体的指导。

当然类似的情况还会有第二种结果，就是一时没有更好的解决方案，那么这时候我会对小张说："你的情况我初步了解了，打起精神，先赶紧回去上课，今天放学前，咱们再找个时间，一起再探讨一下。"学生离开后，我会赶紧思考解决方法，也可以向有经验的班主任请教。如有必要，还可以跟家长联系。

【教育原理】

模糊处理也是一种教育智慧。对于学生的一些上课睡觉、违规使用手机等常规违纪行为，应当予以制止和批评教育。但是，也不要忘记呵护学生的自尊心，要想到也许违纪背后可能是有特殊原因的。因此，不要急于对学生"穷追猛打"，当场"盖棺定论"。特别是在众多学生面前，若老师对于个别学生的批评教育工作一时难以推进，需要给自己、给学生一个"台阶"，给自己一段时间去思考解决方法，给学生一些时间平静情绪。避免双方不够冷静而出现不理智的言行，从而激化矛盾，产生不必要的对抗，造成很难扭转的局面和恶劣影响。

心理学家把因坐向而影响交往质量的现象，称之为"坐向效应"。通常情况下，当交谈双方面对面坐着，彼此就容易产生心理上的压迫感，进而产生对立的情绪。当交谈双方并排坐时，在心理上就会产生一种"同一阵线"的错觉，容易产生融洽的交往关系。在与违纪学生谈话时，班主任如果想要避免无谓的对立，那就要尽量避免与学生正面相对，应当侧身而坐，或取直角的位置，或中间隔有桌子等，这样就不易产生冲突，交谈会在比较温和的气氛中进行。如果想要进行温和式的批评，那么班主任最好坐在学生身旁。

【总结反思】

这个案例发生在我刚当班主任的第一年。现在想想，当时的处理实在欠妥。万一当时小张同学当众跟我顶嘴，在众目睽睽之下，我肯定下不来台。一旦我恼羞成怒、情绪失控，对小张同学连拉带推，学生一生气再跟我动手的话，那将会上演一场不可想象的"闹剧"，后果不堪设想。一位老班主任曾经跟我说，"在处理学生违纪过程中，一旦学生跟班主任动了手，不管班主任有理没理，班主任都是错的"。

当班主任发现学生上课趴着睡觉或违规使用手机等违纪行为时，可以在合适的时候给一个眼神提醒，也可以示意周围同学提醒一下违纪学生，或者在巡视时，自然而然地走过去，悄悄拍一拍违纪学生的肩膀等，不需要马上当众对其批评。直接批评的话，班主任可能会因为没有详细了解情况而做出错误的判断，出现不合适的言行。如果违纪学生性格倔强，情绪也容易激动，则容易激化矛盾，出现不必要的对抗。还有一点我们不能忽视的是，当场训斥违纪学生会造成老师课堂教学中断，分散其他学生的学习注意力，较长时间地影响师生心情，降低老师授课质量和学生学习效率。

对于这样的一些违纪行为，我们可以在课堂上"冷"处理，甚至也可以"暖"处理。网上曾经介绍过一位女老师的教学案例，她看到班里有一个女生上课趴着睡觉，这名女老师就悄悄地走到睡觉女生的身后，为她揉揉肩，通过按摩的方式把学生叫醒。这样既能让学生清醒过来，也能让学生本人和其他学生感受到老师的爱，另外，也不影响其他学生的学习。在课堂上，这种"四两拨千斤"的处理方式比较好。当然，老师课后也要跟学生继续交流，了解其违纪原因，帮助学生解决问题，对学生提出要求，鼓励学生快乐生活，努力学习。

当然，班主任和学生之间不会总是那么"暖"，偶尔也会有"热战"的时候。著名教育家李玫瑾教授曾经说过这样一个观点，我想对于班主任教育学生也有借鉴意义。李教授说，当两个人吵架时，一般和对方争吵三到五句、看对方还是不依不饶的情况下，你就不应该再去与他争辩什么了，因为这个时候就算你是对的，这件事对他来说，也说不清楚了，这个时候如果能扭头就走，说明你这人活得比较通透，是一个很理性的人。这个观点，其实在一定程度上也说明了班主任对于学生课堂违纪行为适度"模糊处理"的合理性。

另类"惩戒"

青岛华夏职业学校　李耘心

李耘心，青岛华夏职业学校教师，李耘心名班主任工作室主持人，从事班主任工作 20 年。国家二级职业指导师，青岛市优秀教师，青岛市中小学学科带头人，青岛市"最美班主任"，青岛市首批职业学校名班主任工作室主持人。班主任工作中注重创新，将职业生涯规划教育与班级建设有机融合，摸索实践"双元耦合"班级建设模式。

教育理念：奉献与大爱孕育人性关怀，责任与活力成就自信成功，人格与魅力实现教育创新。

【案例聚焦】

高二上学期开学不久，一天早自习时，卫生委员委屈地跟我说："老师，小欣今天早上又没按时值日，这已经是第四回了。"

小欣自入校以来，为人热情，但做任何事仅三分钟热度。做事拖拉、懒散，缺乏责任心，特别是在卫生值日方面，迟到、早退是常事，有时干脆就以各种理由逃避值日。因此，一个学期下来，卫生值日成了他的主要扣分项。根据学校和班级管理规定，学生未按要求完成劳动任务以及出现其他违反一日常规的违纪行为都是以扣除本人的德育量化积分作为惩罚。但对于像小欣一样进取心不足、不良习惯根深蒂固的学生，扣分的惩罚方式发挥的效果非常有限，甚至有时会让学生"老师，我又忘值日了，你扣我分吧"这样的回复给惹得哭笑不得。

【妙招解困】

早自习结束后，我邀请小欣谈谈。小欣很有"觉悟"地开口道歉："老师，我今天早上真起晚了，下回一定注意。"我微笑地看着小欣，不置一词。小欣被看毛了："老师，要不这次你双倍扣我分？"我看火候差不多了，开口说："小欣，咱们来个君子约定，只要你答应并能坚持做到，我就不扣你的分了。"小欣眼中一亮，问我："什么约定？""从今天开始，你作为咱班的'环境大使'，每节课间负责监督同学做好教室卫生的维护，纠正同学们不良的卫生习惯。每周五中午你负责带领班级公益活动团队，清除校内卫生死角，每周的公益活动计划和人员安排也都由你负责。这两项约定期限都是一个月，只要你完成约定，不仅这次的分不扣了，前面三次的扣分也一并免除。"小欣有些迷茫，也有些犹豫："老师，这个惩罚够狠的。"我笑眯眯地看着小欣说："小欣，如果你觉得这是惩罚，它就是惩罚，但我更希望你把它看作'将功抵过'，换一种方式参与值日。"小欣听完我的话思考了片刻，欣然答应。

之后，我在班上宣布小欣为班级的"环境大使"和公益团队负责人，履职期限为一个月，还从学校团委借来志愿者绶带和"黄马甲"，增强小欣履职的仪式感。一个月的时间转瞬即逝，小欣的工作不能算尽善尽美，但也算尽职尽责，没有出现无故缺勤的情况。一个月的期限到了，小欣将班级"环境大使"的接力棒交给其他同学时，除了松了一口气，竟还有少许的留恋。问其原因，小欣说："刚开始的时候，我觉得这是惩罚，还挺不好意思的；但当同学们信任我、不相识的老师夸奖说'这是哪个班的学生，真棒'时，我觉得这不是惩罚了，而是一种责任、是义务，干得就更带劲儿了！"

在之后的卫生值日中，小欣的情况也有了极大的改观，迟到、缺勤的情况大大减少了，我知道我的尝试成功了。

【教育原理】

马斯洛将人的需求分为五个层级：生理上的需求、安全上的需求、情感和归属的需求、尊重的需求和自我实现的需求。尊重的需要是在生理、安全、情感和归属的需要得到基本满足后产生的一种自尊与受尊重的需要。自尊需要是指个人基于自我评价产生和形成的一种自重、自爱、自我尊重，并要求受到他人、集体和社会尊重的情感体验。自尊需要的满足会使人更有信心，对社会、对他人充满热情。缺乏自尊会使人自卑，失去信心。受尊重是指个人希望得到他人的认可，获得别人的赏识和肯定性评价，从而获得心理上的满足。受尊重需求的满足会使人相信自己的潜能与价值，从而进一步产生自我实现的需要。

【总结反思】

没有惩罚的教育是不完整的教育，而当前我国教育缺乏有效的惩戒措施。体罚和变相体罚有损学生的身心健康，已被法律明文禁止。现行最主要的惩戒方式除了批评教育，就是品行积分管理了。而两种惩戒方式在学生教育方面所起到的作用受到了很大的限制。因此，长久以来我一直在思考并尝试找到一种可以替代当前惩戒方式的更有效的方法。

"公益式"惩戒，即将公益服务作为主要的惩戒方式，由学生承担一定学时的校内或校外公益服务任务，作为其违纪的惩罚。这种惩戒方式具有以下三大优点。

1.最大限度保护学生自尊心

根据马斯洛需求层次理论，每个人都有被尊重的需要。"公益式"惩戒可以变有攻击性的惩罚为更温和、更有意义的公益服务，使学生从心理上更易于接受，减少抵触、叛逆心理的发生。

2.使学生在惩戒过程中感受到服务他人的快乐

传统的惩戒方式不管是批评教育，还是品行积分管理，都很难让人感到愉悦，但"公益式"惩戒却可以克服这一弊端。它可以让学生在接受惩戒的过程中体会"赠人玫瑰，手留余香"的意义，在服务他人的过程中体验被需要、被肯定，这往往是被惩戒学生最渴望的心理体验，也是激发这些学生主动向善的最重要动力。

3. 变单向惩戒为双向互动，更易弥合师生关系

出于师生间管理者与被管理者的身份定位，当学生被传统惩戒方式惩戒时，其心理体验是懊恼的、反感的、抵触的，不利于师生间和谐、共融关系的建立。"公益式"惩戒淡化惩罚，突出师生合作、生生合作，解决学生成长过程中出现的各种问题，更易于融洽师生关系，和谐班级氛围。

自省告白书

青岛交通职业学校　张倩

　　张倩，青岛交通职业学校教师，李耘心名班主任工作室成员，从事班主任工作 2 年。曾获 2018、2019 年青岛市"一师一优课，一课一名师"市级优质课一等奖、2020 年青岛市青年教师基本功大赛二等奖。作为班主任团队的新生力量，她认为成人比成才更重要，师生应该是相互温暖、相互照亮、彼此润泽的，作为一名班主任要用心守护、静待花开。"一路收获、一路感恩、志存高远、脚踏实地"，怀着共同的信念，她将与班上孩子一同逐梦大海、踏浪前行。

　　教育理念：身教胜于言传，以生命影响生命。

　　【案例聚焦】

　　小李是个聪明灵活、动手能力很强的学生，在班上不论是文化课还是专业课都有着不错的成绩，但同时他也是班上的"迟到大王"，时间观念较差，传统的扣分、批评教育等形式对他只是暂时性"管用"，过段时间小李又会恢复常态，迟到问题没有得到实质性解决，良好的行为习惯没有及时有效地养成。

　　【妙招解困】

　　首先，我与小李认真沟通迟到的原因。小李说，父母平日忙于工作，疏于对自己的管理，从小自控力较差，常常赖床，上学迟到，为此小李自己也非常苦恼。听了小李的诉说，我明确地告知他迟到行为确实违反了学校规定，给班级造成了不良影响，同时更会对个人发展产生不利后果。但我又告诉小李，老师和同学会帮助他实现"自救"。

第二周班会，小李就自己的迟到问题向全班同学说出了自己的苦恼，现场向同学们征集解决方案。小 A 提出让小李做本班的"时间管理员"，帮助班主任和同学做好班级时间规划和日常工作提醒：如每天早自习前清点班级出勤人数并核实上报，课前两分钟提醒大家做好上课准备；小 B 表示自己家离小李家很近，可以做到今后与小李一同上学、放学，互相督促……同学们积极地为小李想办法，小李对大家的建议一一进行了记录。结合大家的意见，小李第二天制作了一份题为"做时间的主人"的倡议书，号召同学们签字，共同做好时间规划与管理。

班会结束后，我又与小李进行了一次深谈。我首先表达了自己对他的理解，同时也肯定了他要求上进的决心。之后我跟他进行了约定：老师希望借助这次机会帮助你做更好的自己，在蜕变的过程中除了可以依靠周围人的帮助，更重要的是要克服自身的惰性。所以老师希望当每次面对蜕变过程中的障碍时，你可以交给我一份"自省告白书"，自己分析一下出现问题的原因和不断改进的办法，更重要的是找到初心。小李欣然应允。

第一周，小李不仅没有迟到，而且"时间管理员"的工作也做得有声有色，干劲儿十足。

第二周，小李又迟到了一次，但第二天他就交给我一份"自省告白书"，反省了自己迟到的原因，我也在告白书中帮他一起寻找克服的办法。

之后，虽然小李还是偶尔会出现这样或那样的小问题，但出现的频率大大降低，交到我手中的"自省告白书"也越来越少。

【教育原理】

同伴效应又叫同群效应，是指在年龄和背景等方面相似的一群青少年彼此产生的影响，或邻近的平等个体之间在各种社会关系中产生相互作用时，其中某一个体的行为及决策受到同群者行为及决策的影响。

【总结反思】

教师要善于利用学生的错误，使学生在错误中学会"自救""互助"。当学生出现失误时，教师应及时给予帮助。应该将错误作为一种促进学生情感发展、智力发展的教育资源，正确地、巧妙地利用，使学生发现错误、改正错误，强化正确的行为。教师通过使用"自省告白书"，使学生以己之力，在教师、同学的帮助和引导下，纠正自身问题，在纠错的过程中发现真理，用错误去引发正确行为，对于学生来说是一次意义非凡的成长。

"告白""互助"，对于犯错者本身是一种认识与反思，可使其在改正的过程中养成正确的行为习惯，同时对于群体中的同伴也是一种学习与自省，班级其他同学也会受到正确的引导，一个错误可以具有双向效能，通过集体作用可以有效做到错误修正并实现其他长效的效应，在整个过程中形成班级整体的正方向合力。

此方法的使用需要教师结合学生的实际情况，教师可以在认真甄别学生错误的类型及程度，让学生在班级中采用"告白""互助"的形式，寻求来自同伴的鼓励与帮助。但涉及学生隐私的问题则不适用于此法，而且老师在处理的过程中还应注意尺度与方法。

小箱子，大建议

青岛华夏职业学校　贾桂杰

贾桂杰，青岛华夏职业学校教师，李耘心名班主任工作室成员，从事班主任工作 4 年。曾获青岛市青年教师基本功比赛二等奖、青岛市教学能力大赛二等奖等。在班主任工作实践中，不断探索，促进班级向和谐、有序、高效、奋进的方向发展。

教育理念：让每一个学生的潜力得到充分发挥，让每一个学生的成长拥有无尽可能。

【案例聚焦】

周五放学之后，我接到学校检查离校结果反馈：班级未断电、未锁门，窗未上锁。我气冲冲地联系负责班级安全的小高同学落实情况，小高给我的回应是："我把钥匙给了在学校训练的小刘同学，他说他训练结束后回班里拿东西。"小刘参加学校田径队的事情我是清楚的，他们每天下午第三、四节课都要参与训练。接着，我找到小刘，询问他回班怎么收拾的，小刘有些惶恐地告诉我："哎呀，老师我忘了，我没有回班，训练结束后和训练队同学一块儿回家了。"听到这些话的时候，我不禁一股怒气涌上心头，当时便质问明明小高把钥匙给了他，为何不回班锁好门窗。小刘说自己训练结束着急回家，从训练场上直接就走了。小刘本身是班里的体育委员，这种不负责任的行为给班级带来很多安全隐患，而且这件事情中负责安全的小高没有提醒到位，也有责任。联想到近期班里还出现过晚自习负责人忘记及时上交晚自习假条，导致请假同学被记旷课的事情，以及有家长反映个别学生对班级一些事务的意见等，我想找到一个更有效的办法对班干部的工作进行监督并及时了解班级同学意见。

【妙招解困】

针对这一问题，第二周周一利用自习课时间我召开了一次班委会。班委会上由班长牵头，每名班委轮流谈自己近期的工作情况。上周这两起"事故"被特别提及，我也和在场的班干部们再次强调"人尽其责"的重要性。班干部的责任意识需要得到有效的监督和强化。我想到学校的校长意见箱、餐厅门口的意见收集箱，在班级内是否也可以设立类似的箱子来收集同学们的建议呢？

心动不如行动，我委托生活委员买来了和学校"同款"的意见箱，借机再次召开班委会，讨论意见箱的管理。规则在班内公示后同学们又积极建言献策，最后形成了全班同学认同的管理规定，具体如下：

一是本意见箱收集同学们对班级事务的意见和建议，包括班级内的卫生分配制度、自习课管理、日常三餐等。

二是本意见箱收集同学们对班干部工作的意见和建议，欢迎同学们对班干部工作进行监督。

三是值班班干部每天对其他班干部的工作进行评议，以建言形式反馈给相关班干部同学。

四是本意见箱直接面向班主任，所有意见和建议班主任都要第一时间进行回应。

以上规定制定以后，意见箱里的建议渐渐开始增多，有值班班委之间的互相评议，有同学们提出的对某位班干部的工作建议以及对班级卫生清扫的意见等。对意见和建议比较集中的班干部，我会积极与其沟通，在沟通过程中我也向其表明评议的目的不是为了惩罚，而是为了督促其工作更加完善、高效，使班级的工作更进一步，让每位同学受益。

随着意见箱的使用，班级里对班干部"不满"的声音越来越少，班干部的责任心被全方位地调动起来，在班干部和同学们的自主管理之下，班级的各项工作逐步步入正轨。甚至作为班主任的我尚未发现的问题也被同学们一针见血地指出，无形之中我的责任意识、工作能力也得到了提升。

箱子虽小，功效无穷。

【教育原理】

苏联著名教育家马卡连柯提出了平行教育理论。在确立"尊重与要求相结合"的总的教育原则、促进学生成为教育主体的基础上，他提出了"平行教育影响"的著名教育方法。这个方法主要有两个要点：一是把集体作为教育对象，在进行集体教育的同时，通过集体的作用去教育个人；二是在教育个人时，应想到对集体的教育，通过对个人的教育影响集体。

著名教育学家韦纳提出了归因理论，主要有以下三个论点：人的个性差异和成败经验等影响着他的归因；人对前次成就的归因将会影响到他对下一次成就行为的情绪、期望和努力程度等，而个人的期望、情绪和努力程度对成就行为有很大的影响。

【总结反思】

班干部既是管理者又是服务者，对于他们的工作必须做到责权利明晰，并通过有效的监督使班干部的工作更加透明，促使班干部以高度的责任心高效完成自己份内的工作。同学是班级各项事务的亲历者、思考者，如果能有效收集他们的意见和看法，那就可以防微杜渐，使班级工作更加高效、更有针对性，实现班级工作的逐步向好。在班级意见箱使用过程中，我有以下体会。

一是监督体系是班级学生干部管理以及班级秩序维护的有效保障，我们班通过班级意见箱倾听同学们的心声，在问题的解决过程中规范了班干部们的工作，树立了班主任和学生干部的威信，建言箱逐渐发挥了同学与老师之间桥梁与纽带的作用。

二是班级意见箱真正的意义在于责任，包括对班级、对同学、对老师的责任，它激发了同学们的责任意识，使得更多同学愿意为班级工作提出有益建议。

三是下一步工作中，我将继续探索意见箱在班级工作监督、建议收集中的作用，积极解决班级管理中存在的各种问题，让小箱子发挥更大的作用。

借"题"发挥

青岛华夏职业学校　许业伟

许业伟，青岛华夏职业学校教师，李耘心名班主任工作室成员，从事班主任工作10年。2007年毕业于山东交通学院物流工程专业，国家二级职业指导师，青岛市教学能手，获青岛市优质课比赛一等奖、青岛市教师教学团队能力比赛一等奖。班主任工作中始终秉持"成长就是改错"的育人理念，用成年人的"回头看"去理解、包容、指导和帮助学生成长，被学生们亲切地称为"许姐"。

教育理念：以人格引领人格，以心灵赢得心灵，以思想点燃思想，以自由呼唤自由，以平等造就平等，以宽容培养宽容。

【案例聚焦】

每年学校秋季运动会的开幕式上都有一个惯例，就是每个班都有一分钟的主题展示环节。各班级展示的主题由班主任抽签确定。这次运动会入场式我们班抽到了人人羡慕的"上上签"——女排精神！说实话，也正是这个主题，让作为班主任的我有种前所未有的惶恐，因为它的内涵让我们不能"差"，因为它的精神内核从来都是"夺冠"。展示时间只有一分钟，当学生们得知这一消息，兴奋过后不免又产生了一丝畏难情绪。

【妙招解困】

1. 思想动员，提高学生对主题意义的深刻理解

当学生们看到其他班级紧锣密鼓地筹备，而我一改往日作风，不急不躁，风平浪静，学生们都疑惑不解，不知我葫芦里到底卖的是什么药。两天之后，我利用早自习时间开了一个"致敬女排精神"的主题班会。

班会上我播放了一段视频材料——女排13场连胜夺冠，第五次在世界杯上成功卫冕，振奋了中国精神。让人热血沸腾的画面使学生们激动不已，纷纷表示不能让女排精神在我们的演绎中失去光彩，我们要"燃"起这份属于中国人的自豪！在班会上我与学生们产生了深深的共鸣——女排精神所到之处应该时刻闪烁着耀眼的光芒，我们能演绎这份精神是我们的荣幸，我们为之自豪、骄傲！

通过这次班会，同学们的认识达成了高度一致，也充分调动了大家同心协力、尽己所能的积极性和主动性。

2. 知行合一，发挥学生主观能动性

理想很丰满，现实很骨感。虽然前期做了充分的思想动员，但真正实施起来，效果却大打折扣。由于同学们没有排球基础，展示起来捉襟见肘。扮演女排队员的女生觉得自己能力差、跳不高，表演的时候扭扭捏捏，根本放不开；作为群演的拉拉队死气沉沉，根本表现不出群情振奋的画面。整个表演惨不忍睹！

我把学生们带回了教室，他们都小心翼翼地看着我的脸色，等着我发火。我用平静的语气说："之前的班会我相信大家都受到了女排精神的感染，但今天的表现，大家觉得展现出女排那种不怕困难、勇往直前的精神了吗？"同学们把头都深深地低了下去。我接着说了下去："不过老师能够理解大家，毕竟我们不是真正的女排队员，我们也不是真正的演员，但我相信大家一定也希望通过我们的表演向女排精神致敬！我建议这次活动我们把训练的过程作为学习女排精神的集中体现，每位同学在训练的过程中都要尝试着体会女排那种不服输的精神、不被困难打到的斗志，不断地突破自我，通过我们的表现向全校同学展示真正的女排精神是什么。"

在我的不断鼓舞和激励下，全班同学积极投身入场式的排练。很多同学自发分了训练小组，放学后扮演女排的同学纷纷要求加练，垫球、拦网，动作虽然还是有些笨拙，但每个人都不遗余力。拉拉队的同学们自发站在球场周围为每一次发球助威、每一次扣球喝彩，震耳欲聋的呐喊和挥舞的手臂感染着看到这一画面的每个人。这一刻，我知道学生们已经体会到了真正的女排精神是什么。

3. 全过程育人，加强班级凝聚力建设

开幕式上"女排精神"的精彩表演赢得了热烈的掌声，同时也让"女排精神"融入了每位同学的血液里。运动会上同学们奋勇争先、分秒必争，观众严肃活泼、一切活动听指挥，最终我们获得了体育道德风尚奖、团体总分第三名的好成绩。运动会结束后我又召开了一次"团结就是力量"的主题班会，在班会上班委感慨同学们的支持是他们最大的幸福；运动员们感慨"同学们的加油声，是他们最好的兴奋剂"；观众同学也说看到照片里班级坐得整齐划一，意识到对于集体而言一个也不能少，每个人都是最棒的，集体才能是最优秀的。

运动会之后班级的整体秩序有了很大的改善，同学们的学习状态也有了明显的提高，可谓一舒百通！

【教育原理】

苏霍姆林斯基曾说过，道德教育的核心问题是使每个人确立崇高的生活目的。人每日好似向着未来阔步前进，时时刻刻想着未来，关注着未来。习近平总书记指出："心有所信，方能行远。面向未来，走好新时代的长征路，我们更需要坚定理想信念、矢志拼搏奋斗。"在教育中要重视理想信念教育，通过理想信念教育帮助学生树立正确的世界观、人生观、价值观，使其成为支配学生学习生活的精神动力。

【总结反思】

这次活动给我的感触是，在开展集体活动时要重视活动的育人价值。

1. 活动与育人有机融合

举办活动是为了给育人搭舞台，因此要防止把活动和育人割裂开来。在班级管理工作中，有的时候会出现"头疼医头，脚疼医脚"的情况。例如在组织像运动会这样的集体活动时，有的老师把活动搞得有声有色、丰富多彩，但却忽略了活动的核心主旨——教育功能。我们组织集体活动不是为了活动而活动，而是通过活动达成育人目标。因此在活动开始前，班主任应该首先确定活动要达成的育人目标是什么，然后根据育人目标设置活动环节。活动结束后，还应对活动效果进行评估，查漏补缺，为后续的班级教育奠定良好的基础。不应只关注活动表面的热闹或者成绩本身，弱化开展活动的意义及对学生观念和行为的引导，这是背离了教育的初衷的。

2. 重视活动的过程性管理

作为一项集体活动，从组织、实施到活动结束往往会受到内外多种因素的影响，如果关注不到位，活动的效果就会大打折扣。因此，班主任应时刻关注活动的整个过程，及时发现出现的偏差和疏漏并妥善处理，使同学们始终拥有正确的舆论导向、积极乐观的心态，在活动主题的引领下，全身心投入活动，在活动中去体会、感悟、反思，生成可以受用一生的理想信念和科学的世界观、人生观、价值观。

主题班会引领启航

　　班会是班主任对学生进行思想教育的有效形式和重要阵地。有计划地组织与开展班会活动是班主任的一项重要任务。班会的形式多种多样，其中，主题班会是一种极受师生欢迎的极富教育意义的组织形式。所谓主题班会，是指在班主任的指导下，围绕一个主题，有针对性地开展教育与自我教育相结合的班级活动。通过主题班会使学生拥有积极的情感态度，正确认识自我，澄清是非，规范行为，树立正确的世界观、人生观、价值观以及高尚的审美情趣。主题班会能充分发挥集体的智慧和力量，让个人在集体活动中受教育、被熏陶，提高思想认识，起到事半功倍的的育人功效。

　　亚里士多德曾经说过，人是一种寻找目标的动物，其生活的意义仅仅在于是否正在寻找和追求自己的目标。人的生命是短暂的，职业生命更是有限的，因而有目标的人生和没有目标的人生，其结局必然大相径庭。

　　所谓职业生涯规划，主要是指根据个人的兴趣、性格特点、内在潜能来确立个人的职业发展目标，并根据自身情况设定未来职业生涯上的短期、中期和长期目标，根据设定的这些目标来规划不同阶段下完成自我提升的通道。简而言之就是通过确定不同的阶段性目标，确定自我提升方式，以达成目标的过程。对于学生来说，职业生涯规划可以使学生充分认识自我，明晰自身发展短板，了解职业，分析社会发展趋势，在此基础上确定科学合理的职业发展目标，并通过切实可行的措施，最终实现职业理想。因此，职业生涯规划的好坏必将影响一个人的人生。

　　那么，当主题班会与职业生涯规划相遇，又会碰撞出什么样的火花呢？工作室的老师们就进行了这样一次大胆的尝试。依据职业定位、目标设定、通道设计三要素，老师们以"梦想有多远""遇见独特的自己""让梦想照进现实""原来创新我也行"等为主题，设计组织了职业生涯规划系列主题班会。通过系列主题班会，全面且系统地帮助学生认识职业生涯规划对人生发展，特别是职业发展的重要意义，帮助学生切实掌握自我认知、确立目标、自我提升的技能与技巧，使学生能最大限度地接近成功，实现人生价值。

梦想有多远

青岛华夏职业学校　高嵩

【主题意义】

1. 社会价值

梦想是方向，是力量，是希望。青年学生作为国家未来的建设者和接班人，理应树立远大的理想，将中国梦作为自己最崇高的梦想，勇于担起自己的历史使命。

有梦想就有方向。有人曾说过，一个人只要知道自己去哪里，全世界都会给他让路。梦想最大的意义就是给予人们前进的方向。当人们有了梦想的指引，就会驱除黑暗，走向光明；即使路途曲折，也会坚定地向目标前行；在追逐梦想的过程中，不断完善，不断提高，成为最好的自己。

有梦想就有力量。梦想是人们前行的动力，带给人无穷的力量。曹操为统一家国大业，"烈士暮年，壮心不已"；坚持梦想，苏轼"老夫聊发少年狂"，等待着朝廷的召唤；而如今14亿人的中国梦，将凝聚起空前强大的力量。

有梦想就有希望。美丽的梦想是人们心底最美的期望，正所谓心中有景，才能春暖花开。梦想带给人们希望，可以令人不惧任何风险，不为任何干扰所惑，勇于攻坚克难，敢于迎难而上，只为坚守心中的信仰。

2. 成长价值

中职新生入校后，一部分学生经过一段时间的适应和调整，重新找回了因中考失利而失去的信心，在老师的引导下有了新的目标和努力方向，并且朝着既定的目标稳步前进。但是还有部分学生，经历了中考失利，迷失了方向，没有目标，得过且过；或者制定的目标好高骛远，脱离实际，缺乏可操作性；还有的学生虽然确立了清晰而准确的目标，但缺乏合理的实施路径，导致目标形同虚设，这些问题严重制约着学生未来的发展。基于以上原因，我们通过此次班会帮助学生厘清观念，学会正确地审视自己，制定切合个人实际并与中国梦相契合的远大理想，在梦想的引领下脚踏实地，不断丰盈自己，成长为合格的国家建设者和接班人。

【教育目标】

1. 认知目标

深刻领悟目标在个人发展过程中的重要作用，引导学生正确认识自我，并有清晰而准确的定位。

2. 情感目标

增强国家荣誉感和民族自豪感，将中国梦和"我的梦"有机融合，树立实现梦想的信心和决心。

3. 行为目标

确立切实可行的个人发展目标，掌握实现梦想的路径和方法，减少行为的盲目性，增强自我发展的自觉性。

【教育理念】

1. 班杜拉的"自我效能感理论"。

2. 洛克的"目标设置理论"。

【设计思路】

本节班会以行动学习为主导，通过学习SMART目标制定原则、案例分析、视频分析等方式组织学生积极参与讨论与行动，在班会中形成高度统一的认知——"有目标，有规划，并勇敢行动，才能梦想成真"。同时，让学生明白拥有梦想并做好人生规划的重要性，培养学生的职业意识和职业规划能力，激发学生努力学习的自律意识以及完成梦想与目标的内在驱动力，脚踏实地地走好每一步。

【班会准备】

1. 学生提前学习 SMART 目标制定原则。

2. 每人准备一张 SMART 目标表格、水彩笔。

【实施过程】

一、教育方法

1.行动学习法

通过学习目标公式以及 SMART 目标制定方法，学会科学地制定目标，做一个行动派。

2.任务驱动法

根据自己设立的 SMART 目标，认真考虑实现目标的各个步骤，绘制一个短期—长期目标递进的目标列表。

3.正反案例对比法

选取对比强烈的正反案例，帮助学生认识到制定目标的意义及好处。

二、内容安排

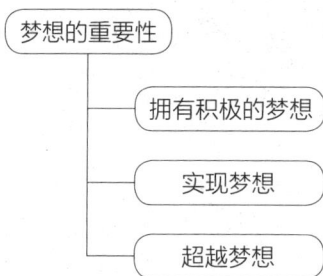

三．步骤设计

（一）班会引入（视频）

目的：湖边舞蹈的藏族姑娘、工厂里行走的工人、拎着菜走在小区里的大爷……在徐徐移动的镜头与从容的背景音乐中，每一个普通人都不再普通。每个人的梦想都变得珍贵而伟大，而这些珍贵而伟大的梦想铸就了实实在在的可实现的中国梦。调动全体同学对自己曾经的梦想的回忆，体味曾经的激情，像片中的中国人一样，对实现梦想充满期待。

（二）梦的起点（梦想的重要性）

目的：让学生认识到——我们应该有梦想。

方法：正反案例的对比、相关调查材料的辅助。

案例：美国的罗曼·V·皮尔在他的《成功四级梯》一文中讲述的一个故事和马加爵的"没有理想，是我人生最大的失败"。

对比思考：杰西成功的第一个阶梯是什么？——有梦想，有目标。

马加爵犯罪的原因是什么？——没有理想。

点评：我们应该有梦想。

出示哈佛大学关于目标对人生影响的跟踪调查材料。

说一说：在你的成长过程中，有没有过一个小小的让你为之努力的梦想？（畅所欲言）

写一写：闭上眼睛一分钟，想一想"现在的我有没有梦想"，写出自己的梦想。

（三）梦的宽度（积极的梦想）

目的：引导学生树立积极向上的目标——拥有积极健康的梦想。

方法：一个案例、一段视频。

案例：周恩来"为中华之崛起而读书"的故事。

视频：如何打高尔夫球？

对比思考：周恩来读书的目的是什么？——为中华之崛起。

打高尔夫球的要领是什么？——方向比距离更重要。

点评：方向的正确性是非常重要的，我们应该有积极健康的梦想。

改一改：看看自己的梦想，是否是健康的、积极向上的？可以有一分钟的时间来修改。

（四）梦的养护（实现梦想）

目的：让学生明确梦想的实现需要许多积累，尤其是职业素质和职业技能。

方法：身边的故事、优秀毕业生案例与采访实录、视频相结合。

1. 第一阶梯：针对学生学业目标不明确的问题

目的：引导学生在学生中端正学习态度，树立不怕困难、勇于挑战的信心和决心。

方法：讲述我们身边的故事。由两名近期表现优秀的学生来讲述自己取得进步或保持优秀的原因；由两名技能成绩特别突出的学生，演示并讲述自己平时练习技能的方法。

点评：一分耕耘，一分收获。

2. 第二阶梯：针对学生就业目标不明确的问题

目的：引导学生树立面对社会的信心，要坚定从基础做起和扎实肯干、敢于吃苦的决心。

方法：讲述优秀毕业生、优秀中职生的故事。（优秀毕业生刘娟的故事和优秀中职生王佐进清华当实训老师的故事）。

点评：不断地积累知识，苦练技能。

3. 第三阶梯：针对学生职业素质不高的问题

目的：引导学生积极养成良好的职业习惯，有意识地培养自己的职业素养，让自己在面对社会的考验时，能够更好地应对。

方法：讲述中国女子乒乓球运动员张怡宁、王楠执着追求梦想的故事。

点评：做人比做事更重要。

写一写：为实现梦想，我应该尽快做些什么？应在哪些方面有所改善？

（五）梦的延伸（超越梦想）

目的：为学生的终身职业素质发展奠基，告诉学生要不断地奋斗、不断地超越。

方法：观看视频"北斗凌空 全球圆梦"。

点评：北斗之路——实现目标，不怕挫折，再次超越！

【拓展体验】

1 完善 SMART 目标计划表

绘制一个短期—长期目标递进的目标列表，并在班级内进行交流。

2. 创建行动项目表

学生思考"为了达成自己的目标需要经过哪些行动",针对每一个目标,书写一张"行动清单"。把这些清单利用班级宣传栏予以公布,同学之间互相监督,期末检测每个人的完成情况。

最后送给学生一句话:再长的路,一步步也能走完;再短的路,不迈开双脚也无法到达。

中国梦，我的梦

青岛高新职业学校　李兆斌

【主题意义】

1. 社会价值

有梦想的人有方向、有目标，不会迷茫。有梦想的人有智慧、有力量，能够围绕梦想的实现去拼搏奋斗。有梦想的人有信仰、有追求，能够树立正确的人生观和价值观。若每个中国人都有梦想，就会汇集成为中华民族伟大复兴的中国梦。

国家的富强、民族的复兴需要青年一代有理想、有志向、有抱负，只有这样，他们才能接过前辈们的革命旗帜，成为社会主义事业的接班人。因此，树立正确的梦想对于新一代青年完成历史和社会赋予的使命具有重要意义。

2. 成长价值

以梦想指引学生明确的奋斗目标。学生对美好生活有着热切向往，他们希望能够确定适合自己的奋斗目标，并能够找到一条通往成功的捷径。本次班会可引导学生确立自己的梦想，帮助学生明确奋斗目标。

梦想对学生的思想和行为有导向、驱动和调控的作用。学生已经有了初步的自我认知、职业认知和环境认知，他们需要做好职业生涯规划、提升职业素养来搭建通往梦想的阶梯。梦想的确立可以使学生进一步端正学习态度，做好人生规划。

梦想是支撑学生奋斗的动力。梦想可以带给人正确的方向和无限的力量，但是梦想的实现难免要经历艰难困苦。本次班会有助于学生做好充分的思想准备，明确学习的重要性，培养坚强的意志力，养成良好的学习和行为习惯，最终通过奋斗到达梦想的彼岸。

【教育目标】

1. 认知目标

认识梦想的含义，明晰个人梦想与中国梦之间的关系，理解实现中国梦的伟大意义。

2. 情感目标

激发学生热爱祖国、热爱人民、热爱生活、听从党和国家号召为国效力的情感。

3. 行为目标

端正学习态度，激发学习动力，积极参加活动，养成良好行为习惯，践行社会主义核心价值观，为实现梦想努力奋斗！

【教育理念】

1. 马斯洛需求层次理论。

2. 成就需要理论。

【设计思路】

本节班会以中职学生为教育对象，以活动体验为主导，通过案例分析、视频分析、小组讨论等方式组织学生积极参与一系列活动，通过活动实现对自己梦想的觉察，并明确实现梦想的路径。

【活动准备】

1. 将全班学生以 8 人为一组进行分组，每组推选一名学生作为组长，负责班会期间的活动组织和管理以及班会后续的活动拓展等工作。

2. 提前制作班会所用的课件、搜集马丁·路德·金的演讲视频等。

3. 每名学生准备一张卡纸。

【实施过程】

一、教育方法

1. 案例分析法

以马丁·路德·金"我有一个梦想"的演讲视频导入，引导学生对梦想的思考。

通过案例介绍，了解梦想的实现不是一蹴而就的，需要具备一定的条件，还要经历一个奋斗的过程。

2. 榜样教育法

通过优秀毕业生的成长经历，发挥"见贤思齐"的作用，引导学生反思自身的成长规划。

3. 小组活动法

通过小组活动，增强学生的活动体验，以学生的真实体验引发学生思考，探讨梦想实现的条件。

4. 情感共鸣法

通过放飞梦想纸飞机，使学生产生实现梦想的动力和激情。

二、内容安排

1. 案例导入，提出主题——树立梦想。

2. 分组讨论，解析探究——搭建阶梯。

3. 总结归纳，凝练要素——插上双翼。

4. 明晰目标，升华主题——放飞梦想。

三、实施步骤

（一）"我有一个梦想"

1. 播放视频：马丁·路德·金"我有一个梦想"

提问：梦想是对未来的一种期望，是人生努力奋斗的方向和目标，有梦想的人能够保持专注，更容易取得成功。马丁·路德·金为了梦想可以牺牲生命，你的梦想是什么?

2.体验活动:"我的梦想在哪里"

(1)学生是否有梦想?利用问卷星,现场做调查统计。(调查结果预判,有的同学有梦想,有的没有。有梦想的同学,梦想各不相同)

(2)为什么会出现个体差异?对自身未来发展会有什么影响?(分组讨论归纳总结)

学生的成长目标不同,思想认知不同,价值追求不同,所以梦想存在很大差异,不同的梦想会产生不同的激励作用。

(3)梦想有无好坏贵贱之分?(分组讨论,归纳总结)

梦想没有好坏之分,但是境界有不同。

3.把个人梦想写在纸上

根据演讲的启示,思考自己的职业梦想,并把梦想写在卡纸上。

目的:通过播放视频和体验活动,引导学生了解梦想、树立梦想。

(二)"我想靠近你"

1.搭建梦想阶梯(写在卡纸上)

学生分组讨论,实现梦想需要具备哪些条件,例如,吃苦耐劳、聪明智慧、德才兼备、持之以恒、团队协作、发展平台、技能突出、身体健康、才华出众。

总结归纳得出结论:优秀品格和职业能力。

2.绘就梦想地图

梦想的实现需要付出足够的努力和汗水,思考实现梦想应该做好哪些准备。

出示优秀毕业生案例。

由学生讲述其成长故事。

学生总结:如何绘就梦想地图。

梦想的实现不可能一蹴而就,需要分步走。分析个人梦想需要分几步完成,将每一步写在卡片上。

目的:通过讨论让学生了解实现梦想需要具备的条件,通过案例让学生明确实现梦想需要分步走。

（三）为梦想插上双翼

学生小组合作探究，实现梦想的两个必备条件是什么。

实现梦想的条件可以归纳为品格和技能两大项，要想成功缺一不可。这两大项分别组成梦想的双翼。

目的：通过小组讨论，提炼实现梦想的两个必备条件。

（四）放飞梦想

1. 每人折叠一个纸飞机。

2. 设计一张机票，永久珍藏。

确定飞机名：如某某梦想号航班。

确定目的地：梦想的殿堂。

确定机翼：为实现梦想保驾护航。

确定飞机的起航时间：下课铃响时，统一放飞。

确定飞机的航程：×× 年。

3. 放飞纸飞机，班主任升华主题。下课铃响时放飞纸飞机，同时班主任送出祝福："同学们，你们的梦想航班已经起航，希望你们一路上克服各种艰难困苦，努力保持正确的航行方向，早日到达梦想的彼岸！"

目的：本节班会以活动体验的方式引导学生树立梦想，并在成功案例的指引下，使学生明确实现梦想的途径以及现阶段的任务。班会以纸飞机作为梦想的载体，激发学生为梦想而奋斗的热情，激励学生克服困难、努力学习，最终达到让学生"心中有梦想，头脑有思路，身体有行动，天天有进步"的教育效果。

遇见独特的自己

青岛华夏职业学校　李耘心

【 主题意义 】

1. 社会价值

古希腊有句人生箴言，"认识你自己"。它直截了当地告诫世人，要认清自己的本质，认识自己的特性和真正价值。

自我认知也叫自我意识，是个体对自己存在的觉察，包括对自己的行为和心理状态的认知。自我认识是主观自我对客观自我的认识与评价，自我认识是自己对自己身心特征的认识，自我评价是在这个基础上对自己做出的某种判断。

认识自我是人类延续存在的必然选择。从人类发展历史来看，人类必须在清醒地认识自身的基础上理性地去解决自然问题，否则，将迷失自我。人类必须清楚地认识自我才能为自身的发展保驾护航。

认识自我是形成归属感的必然途径。认识自我不仅是个人对自我的认知，还包括团队的自我认识、民族的自我认识等，只有理性的自我认知和定位才能寻找到自己真正的归属。

因此，客观地自我认知、评价并以此确定未来的发展方向，是个人、国家乃至人类社会的必由之路。

2. 成长价值

自我认识是一切自我发展的前提和基础。从逻辑上来说，人们只有在认识自我和洞察自我之后，才有可能去认识和改造外部世界，从而开始真正的人生。知人者智，自知者明，胜人者力，自胜者强。人类也正是在自我认识中，发现自我的潜能，从而实现自我、超越自我。

自我认识是学生自我调节和人格完善的前提和基础。学生在成长过程中，如果不能正确地认识自我，看不到自身的优点，就会觉得自己处处不如别人，产生自卑感，丧失信心，做事畏缩不前……相反，如果过高地估计自己，就会骄傲自大、盲目乐观，导致工作的失误。因此，恰当地认识自我、实事求是地评价自己，才能做到有的放矢、扬长避短，成就更好的自己。

【教育目标】

1. 认知目标

了解自我认知的重要性及其对个人成长的重要意义；掌握认识自我、客观地评价自己的方法，获得清晰的 SWOT 分析量表；确定个人生涯发展目标。

2. 情感目标

帮助学生树立积极的自我概念，认同并接纳自我，实现学生的人格完善，同时激发学生自我发展的愿望，提高学生行为的内驱力。

3. 行为目标

帮助学生认识并挖掘自己的优点，增强自信心；敢于正视自身的弱点，悦纳自己的缺点与不足，并逐步加以矫正与完善，做最好的自己。

【教育理念】

1. 马斯洛需求层次理论。

2. 情绪 ABC 理论。

【设计思路】

本节班会以中职学生为教育对象，以活动体验为主导，通过案例分析、视频分析、小组讨论等方式组织学生积极参与一系列的团队活动，在活动中形成高度统一的认知——"自我认识是一切自我发展的前提和基础"。同时，指导学生掌握科学、客观自我认识的方法，在此过程中发展学生认识问题、分析问题的能力和团队合作能力，引导他们关注自身职业发展，做最好的自己。

【活动准备】

1. 将全班学生以 8 人为一组进行分组，每组推选一名学生作为组长，负责班会期间的活动组织和管理以及班会后续的活动拓展等工作。

2. 提前制作班会所用的课件。

3. 设计并印制学生 SWTO 分析表格。

4. 每名学生提前准备一面小镜子。

【实施过程】

一、教育方法

1. 案例分析法

选取具有代表性的案例揭示"错误的自我认知会导致行为偏差，甚至毁灭性的结局"，个人如此，国家、社会亦是如此。

2. 小组活动法

设置情景，学生全员参与，在活动过程中代入式体验正确的自我定位对个人发展的作用及影响，从而由人及己，引导学生自发关注对自身的正确认知与评价。

3. 情感共鸣法

通过营造氛围，使学生产生悦纳自我的情感体验，从而帮助学生疏导不良情绪，平和心态，完善自我人格。

二、内容安排

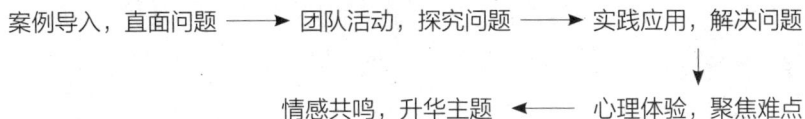

案例导入，直面问题 ⟶ 团队活动，探究问题 ⟶ 实践应用，解决问题

情感共鸣，升华主题 ⟵ 心理体验，聚焦难点

三、实施步骤

（一）班会导入：直面问题

1.播放视频

播放电视剧《乾隆王朝》片段，并提问：

（1）视频中乾隆的一番话体现了当时统治阶层什么样的心态？

（2）根据你所了解的历史事实，请说明当时历史背景下的清王朝面临的现实境况是怎样的？同时期世界其他国家的情况又是怎样？

（3）清朝统治者的自我认知及对世界其他国家的认知导致了什么样的结果？

2.出示故事:《猴子与驴子》

小毛驴和小猴共同生活在一个主人家。一天，小猴玩得起兴，爬到了主人家的房顶，上蹦下跳，主人一个劲地夸小猴灵巧。为了得到主人的夸奖，小毛驴也爬到了房顶，费了好大劲儿，但是却把主人的瓦给踩坏了。主人见状，便大声赶它下来，并打了它一顿。小毛驴感到很委屈："为什么小猴能上房，而且还能得到夸奖，而我却不能呢？"

提问：驴子和猴子的结局为什么不一样？它犯了什么错误？

目的：通过两份材料，使学生直面问题——错误的自我认知与评价将导致严重后果甚至是毁灭性的打击，对个人如此，对国家和社会亦是如此。

（二）团队活动：探究问题

1.团队游戏:"我是面试官"

如果你是公司的面试官，现在有林黛玉、王熙凤、张飞、雷锋四人来参加公司公关经理、保安队长、客服主管和广告文案四个职位的招聘面试，你会如何设置问题进行考核，又会如何安排他们的职位呢？

2.活动分享

每组选派一名代表分享本组的活动感受，并说明本组经过讨论后的最终结果。

目的：设置情境，学生通过角色扮演的形式直观感受不同的性格、兴趣、能力及成长背景对个人发展的重要影响，从而激发学生对自身认知问题的关注。

（三）实践应用：解决问题

学生完成个人的SWTO分析量表。在学生自愿的前提下进行分享，查漏补缺，修正不足。

目的：通过自我分析，使学生能够客观冷静地对自己的内在特质以及外部环境进行分析和研判，并在此过程中掌握自我分析的方法。

（四）心理体验：聚焦难点

1. 心理体验活动："独一无二的我"

每名学生拿出事先准备好的镜子，对镜自视1分钟，然后在纸上写出四个词语，对自己进行评价。

2. 交流和分享

学生之间互相交流自己在活动中的思考和体会，分享感受。

3. 班主任点评

悦纳自我是对自我的充分肯定，是对自己不足的补充，是对后天努力不够的反省，是对未来生活的憧憬，是对自我足够的重视与关注。自我悦纳，不仅要接纳自己人性中的优点和长处，更要接受自己的缺点与不足；在此基础上，努力改进自己、完善自己，方能做最好的自己。

目的：通过心理体验活动，发现学生潜意识中自我评价的缺陷（自卑或自傲），利用分享交流的契机，帮助学生矫正错误认知，树立悦纳自我的意识，培养健康人格。

（五）情感共鸣：升华主题

内容：欣赏原创诗歌《不一样的烟火》。

目的：在诗歌氛围中师生再次回顾本节班会的内容，在对自我有客观认知和评价的基础上，接受并悦纳真实且独特的自己，从而升华班会主题。

让梦想照进现实

青岛华夏职业学校　贾桂杰

【主题意义】

1. 社会价值

梦想是引领成功的风帆，指引社会个体前进的脚步。习近平总书记曾说过，奋斗本身就是一种幸福，只有奋斗的人生才称得上幸福的人生。梦想的实现需要过程，这个过程需要个人积极进取，不懈奋斗。

梦想的意义在于实现梦想的过程。相对于梦想实现的辉煌，追逐梦想的过程更具有意义和价值。在实现梦想的过程中，走过的每一个脚印、洒下的每一滴汗水都滋润着梦想之花的开放。为实现梦想而努力的过程虽然艰辛，但在痛苦中也有无比的快乐，因为在痛苦的磨炼中坚定了信念、增长了本领、发挥了才智，充分体现了自身的最大价值。所有经历的过程都是人生旅途中的足迹，都是生命的过程，都是一种财富，使我们的梦想更有意义。

重视梦想实现的过程让我们更有可能成功。"旅途的终点没有风景"，这告诉我们人生的乐趣在于追逐梦想的过程。追逐梦想的过程就是个人成长的过程，在这一过程中，人们会不断反思自己行动的意义和方向，让自己的每一步走得更扎实。在这一过程中，人们会不断修正、完善自我，让更优秀的自己去触及梦想。在这一过程中，人们会在挫折中坚定，在失败中坚守，不被困难打倒，不被结果左右，从而最大限度地接近成功。

2.成长价值

中职学生正处于爱做梦的年纪，因此他们是不缺乏梦想的，很多学生都有属于自己的五彩斑斓的梦想。有的学生为实现自己的梦想脚踏实地、不断摸索前行；有的学生则只沉浸在梦想的天马行空中，不肯或者极少愿意为实现梦想而付出努力。梦想是个人奋斗的动力来源，而实现梦想的过程是个人成长的阶梯，使个人能更好地认识自我、提升自我，完善自我，有助于学生的职业成长和人生发展。同时实现梦想的过程也会给予他人寻梦的无限勇气，在同伴效应的助推下，帮助中职学生更好地规划个人实现梦想的路径，对学生的职业成长发挥积极作用。

【教育目标】

1.认知目标

使学生认识到梦想的实现是一个长期奋斗的过程，引导学生认同过程管理在梦想实现中的重要作用。

2.情感目标

培养学生善于思考、坚持不懈的品质，增强学生积极实现个人梦想的信心。

3.行为目标

引导学生树立积极向上的目标，正视个人现实状况与自己梦想的差距，并积极寻找办法加以弥补，为个人的良性发展奠定坚实基础。

【教育理念】

1.班杜拉的"自我效能感理论"。

2.洛克的"目标设置理论"。

3.木桶定律。

【设计思路】

本节班会以中职学生为教育对象，以活动体验为主导，通过视频分析、案例分析、小组讨论、团队活动等方式组织学生积极参与一系列的团队活动，在活动中形成统一的认知——幸福是奋斗出来的，需要撸起袖子加油干。同时，发展同学们的实践能力、创新能力和团队合作能力，引导他们做梦想的实践者。

【活动准备】

1. 制作多媒体课件以及在多媒体电子白板中下载安装桌面台球软件。

2. 将全班同学分为人数相同的四个小组，作为班会活动团队。

3. 每位同学准备两张 A4 纸、一支笔。

4. 准备四张报纸，团队活动使用。

【实施过程】

一、教育方法

1. 视频分析法、小组讨论法

观看视频《珠峰测量过程》，总结从视频中得到的收获，分析并得出结论：梦想的实现在于合适的策略、持之以恒的坚持。

2. 行动研究法

通过台球游戏、团队游戏"生死与共"，使同学们更直观地感受到合适的策略、坚持不懈对梦想实现的重要作用。

3. 案例分析法

选取优秀毕业生于鲁宁、数学中两组易出错问题、"木桶上的短板"案例，使学生感悟梦想的实现需要有计划、有毅力，同时需要及时发现不足。

二、内容安排

1. 审视个人梦想内容（了解自己的梦想）。

2. 探究梦想实现路径（梦想的实现需要策略与规划、坚持不懈）。

3. 修炼梦想实现本领（梦想的实现需要修补短板、更客观地认识自我）。

4. 践行梦想实现过程（自觉在生活中践行梦想实现过程）。

三、实施步骤

（一）班会导入

1. 播放中国登山队员成功登上珠峰测量高度的视频。

2. 每位同学在纸上写出自己的梦想，可以是将来从事的工作、将来自己的生活状态，也可以是自己的学习目标、大学目标等。

目的：通过珠峰高度成功测量事件，一方面使同学们了解近年来我国综合国力、科技水平提升的现实情况，激发同学们的民族自信心与自豪感；另一方面使同学们体会梦想的实现需要过程，这个过程需要努力付出。写出个人梦想，为接下来梦想落实到实际行动做准备。

（二）班会主体

第一环节：梦想的实现需要合理的策略及规划。

1. 播放视频

（1）小组限时讨论：登顶珠峰是怎么选择路线的？能否随便找路线上山？原因是什么？

（2）团队选派代表交流，总结归纳。

目的：通过问题引入，使学生通过攀登珠峰实例直观体会制定策略和具体规划在达成目标过程中的重要作用，并归纳出梦想的实现需要策略与规划。

2. "打台球"游戏

结果分析：获胜者与失利者分别分析自己成功或失利的原因。

组内限时讨论：在打台球过程中，让台球入网需要做哪些工作？

（3）团队选派代表交流，总结归纳。

目的：台球击球需要击球路线、角度、击球力度等因素的配合，这是击球入网的策略组成，也启发学生梦想的实现需要有恰当的策略。

3. 完善梦想实现的过程

在个人所写梦想中添加自己预期的实现策略、计划。

第二环节：梦想的实现需要坚持不懈。

1. 互动游戏："生死与共"

（1）获胜团队谈成功体会。

（2）各抒己见：组内交流并派代表分享这个游戏获胜的关键。

目的："生死与共"游戏中坚持到最后者方能胜利，学生通过游戏直观感受毅力与坚持在实现梦想中的重要作用。

2. 成长故事分享

（1）优秀毕业生风采：2012 级电子商务专业毕业生于鲁宁的成长故事。

（2）组内限时讨论：于鲁宁身上最打动你的地方是什么？这对你的专业成长有何启发？

（3）交流分享：团队代表谈从于鲁宁故事中所得到的对自己专业成长、实现梦想的启发。

目的：榜样身上所体现出的不服输的、拼搏精神和毅力是对学生最好的激励，同时他们的专业与学生相近，有利于激励学生学好专业、努力拼搏。

3. 继续完善梦想实现过程

在个人梦想计划中，添加如何坚持、如何去做的具体行动。

第三环节：梦想的实现需要补齐"短板"。

1. 案例分析：两个数学概念辨析

（1）四边相等的四边形是菱形。

（2）垂直于同一直线的两条直线互相平行。

迅速抢答，随机抽取两名学生回答并举例。

出错问题分析：对概念适用范围不明确，忽略"空间中"这一条件，学习概念中存在"短板"。

目的："短板"问题在数学概念辨析中有较好的呈现，能较清晰地使学生体会自己在学习中存在的不足，了解这一不足限制了自己对问题的深入理解。

2. 案例分析：小故事"木桶上的短板"

提问：老农如果不补水桶上的短木板，他有可能打回更多的水吗？那块短木板影响有多大？

3. 分析自己的"短板"和改进措施

目的：让学生重视"短板"，并能把补齐"短板"作为自己实现理想过程中重要的一环。

第四环节：别人视角下的"你"。

每人在另一张 A4 纸上写出至少三名同学的优点和不足，分类裁剪成小条，下课传递给相关同学。

目的：身边人的视角更容易发现优点、问题，促进学生更多元地认识自己，为自己的计划提供更多参考和建议。

第五环节：班主任总结与寄语。

幸福都是奋斗出来的，大家一定要撸起袖子加油干。

（三）拓展体验

班会后收到他人关于自己优缺点分析的同学继续完善自己的梦想计划。

根据自己的梦想计划，做一张手抄报，下次上课前张贴在班级宣传栏上。

怀匠心　践匠行　做匠人

青岛交通职业学校　张倩

【主题意义】

1. 社会价值

工匠精神是一种严谨认真、精益求精、追求完美、勇于创新的职业素养和职业品质。党的十九大报告明确提出要弘扬劳模精神和工匠精神，营造劳动光荣的社会风尚和精益求精的敬业风气。在新时代大力弘扬工匠精神，对于推动经济高质量发展、建设制造强国具有重要意义。

工匠精神体现社会主义核心价值观的内在要求，是培育和践行社会主义核心价值观新的实践载体。工匠精神所呈现出来的爱国、敬业、诚信、友善，是社会主义核心价值观的生动实践。以社会主义核心价值观引领新时代工匠精神，以弘扬工匠精神作为践行社会主义核心价值观新的实践载体，是弘扬当代中国精神、推动实现中华民族伟大复兴中国梦的现实要求。

工匠精神是一种特定的精神品质。工匠精神在一定程度上是一种信仰、一种情怀、一种境界。工匠们把"尚巧达善"作为工作追求，把"知行合一"作为实践理念，把"德艺双修"作为职业信仰，体现的是职业情感、职业态度与职业价值观。

工匠精神是一种工作态度。工匠精神是每一位不甘于平庸的劳动者在平凡的工作中不断对自己提出更高的要求，并不断自我超越、自我提升、自我完善，始终追求做更好的自己时所表现出的工作态度、工作境界、工作习惯以及整体工作精神面貌。

工匠精神蕴含的职业理念和价值取向与社会主义核心价值观个人层面的"敬业"高度一致。我国自古就有尊崇和弘扬工匠精神的优良传统，工匠精神应是职业学校学生传承的一种民族精神和敬业精神。在新时代大力弘扬工匠精神，对于推动经济高质量发展、实现"两个一百年"奋斗目标具有重要意义。

2. 成长价值

习近平总书记曾指出，劳动者素质对一个国家、一个民族的发展至关重要，要在全社会弘扬精益求精的工匠精神，激励广大青年走技能成才、技能报国之路。大力弘扬工匠精神有助于培养职业学校学生追求卓越的精神、执着细节的态度、坚持不懈的毅力、追求极致的专注和专业技能，成为高素质劳动者和技术技能人才，从而提高未来的职场竞争力。

现在社会上有不少人急功近利，追求"短平快"和"差不多"，出现了一些浮躁现象。营造职业学校学生学习工匠精神的氛围，对于学生戒除浮躁，树立起对职业的责任感与使命感，培养其专注细节、崇尚精益求精的精神，在坚守中寻求突破、实现创新有重要作用。

【教育目标】

1. 认知目标

明确工匠精神的基本内涵，认识工匠精神对个人职业发展的作用及意义，掌握培养工匠精神的基本方法。

2. 情感目标

引导学生在生活中、学习中传承并弘扬工匠精神。

3. 行为目标

通过主题班会，端正学生的学习态度，养成精益求精的工匠精神，提升职业道德水平和职业素养。

【教育理念】

1.洛克的"目标设置理论"。

2.同伴效应。

【设计思路】

本节班会以中职学生为教育对象，通过视频分析、榜样讲述、竞赛活动、小组评议等方式让学生在活动中逐步明确工匠精神的内涵、中职学生应该具备工匠精神，在活动中形成高度统一的认知。同时，发展学生严谨、细致、专注、负责的做事态度，尤其是培养其注重细节的习惯，引导学生自觉地从身边小事和细节开着手传承工匠精神，从严要求自己。

【活动准备】

邀请嘉宾，班级文化墙的初期布置，制作目标行动卡片（提前填写"我的优势"），准备视频影像资料、绳结、信纸、信封、"成长树"等材料。

【实施过程】

一、教育方法

1.榜样示范法

通过《厉害了，我的国》《大工匠 少年郎》视频，杨一帆、牛笑天、高永成等行业优秀人才的事例，体会工匠们专注做事、在细节处追求极致的工匠精神。

2.实践锻炼法

通过打绳结竞赛体会成为一名匠人应该具备哪些素质、技能，查找自身的问题和不足。

3.自我教育法

通过本节班会课一系列的活动，使学生自身有所感、有所得，通过填写《目标行动卡》、给未来的自己写一封信，为自己的未来发展制定目标、确立自己的行动计划，在体验中达成自我教育。

二、内容安排

回归工匠精神、确立行动目标 ——→ 修炼工匠精神、找寻自身差距

总结升华、情感共鸣 ←—— 传承工匠精神、对话未来的匠人（自己）

三、实施步骤

（一）小岗位，大英雄

1. 观看电影《厉害了，我的国》片段，通过各主题单元感受国之重器的力量，感知中国的崛起和强盛。

2. 邀请国家深海基地管理中心潜航员、市青联常委杨一帆，讲述他与"蛟龙"号的故事：驾驶"蛟龙"号载人潜水器下潜作业、潜水器维护保障及相关研究等工作，所在团队获国家级"青年文明号"称号，所在部门获得2019年国家"工人先锋号"称号。

3. 观看学校宣传片《大工匠 少年郎》，认识身边的年轻榜样。

4. 课前组织学生填写《目标行动卡》中"我的优势"部分，使学生加强专业自信和自我认识。通过相关视频素材学习和了解行业楷模、身边优秀的毕业生事迹，找出自身的劣势所在，重新审视自我，并初步给自己设立目标，确立努力方向，也使学生能够对自己的学习和生活有更加明确清晰的认识。

目标行动卡

	我的优势	我的劣势	问题所在、原因	目标及方案
学习				
生活				
品德				
其他				

目的：以学生的学业和就业为主线，通过平凡岗位上干着不平凡的事业的劳动英雄们的事迹，引导学生感悟自己也可以成为时代英雄，从而使职业理想

在心中萌芽，确立清晰的个人发展目标。

（二）小细节，大品质

1.比一比

两分钟内打出基本的 12 种绳结。通过小组赛、半决赛、决赛，选出班级中绳结打得最快、最好的同学。

2.说一说

优胜学生向全班同学解说不同绳结的作用及适用环境，从态度、技能等方面介绍自己的练习过程和感悟思考。

3.评一评

班级同学自评、互评自己的绳结，找出打绳结过程中自己在速度、质量上出现的问题，并调整今后的训练策略。

4.悟一悟

教师引导学生通过打绳结比赛感悟作为一名合格的帆船游艇专业人才需要具备哪些素质（包括刻苦钻研，严谨细致，点滴积累，爱岗敬业等内容），充分认识应如何去做一个真正的匠人。

目的：通过"比→说→评→悟"的完整流程和手、脑、耳、口的全方位、多感官的参与式体验，使学生在职业体验的过程中，查找当前的自己与期待的自己之间的差距，并逐步引导学生自觉探索，成为合格、优秀的职业人才。

（三）小年龄，大志向

1.聊一聊

分别邀请优秀毕业生牛笑天和高永成与全班学生互动。优秀毕业生将自己的成长经历进行分享，使学生从身边的榜样中汲取力量。

2.填一填

组织学生填写《目标行动卡》中的"问题所在"部分，完善目标及方案。通过同专业学长的成长经历，在沟通交流中使学生找到自己的问题及劣势并分析原因，根据自己的"症结"进一步完善目标和努力方案，"对症下药"则更具个性化、针对性。

3. 写一写

给未来的自己写一封信。致敬自己的未来,要求突出目标理想,要贴合自己的实际,切忌浮躁和不务实,并张贴邮票。班主任老师将信收齐,班会后逐一为学生在信上写好寄语,最后将信封好,为学生提前准备一个"毕业礼物"。(如后期学生出现松懈、懈怠等情形,可让学生提前拆"礼物",找回"初心",并继续为自己写信。)

目的:强拉硬套的说教,不如同龄人之间的相互鼓励更容易让人接受。将优秀毕业生的成长经历分享给学生,贴近学生的现实,使学生更乐于接受。通过与未来的自己对话,使学生不断强化内心的信念,在信念的支撑下不断践行工匠精神,成就自我。

(四)总结升华

伴着《小梦想大梦想》的旋律,将学生在班会课上制作的目标行动卡粘贴在班级宣传栏的"成长树"上,在老师和同伴的指导和鼓励下朝着自己制定的目标努力,随时将自己的收获及成果张贴在"成长树"上,定期通过班会等形式进行阶段性总结和交流。

目的:营造温馨且积极向上的班级氛围,升华班会主题,达成让学生"怀匠心、践匠行、做匠人"、不断完善自我的班会教育目的。

创新思维：我们在行动

青岛外事服务职业学校　毕建英

【主题意义】

1. 社会价值

从钻木取火到蒸汽机的发明，从烽火台的狼烟到现代互联网技术，一部人类文明史，就是一部不断超越、不断创新的历史。创新思维是人类所独具的区别于其他动物的本质属性。没有思维的创新，人类的一切创新活动都无从谈起。

创新是一个民族进步的灵魂，是国家兴旺发达的不竭动力。21 世纪是知识经济的时代，其核心在于创新，包括知识创新和技术创新，而知识创新和技术创新能否实现的核心问题取决于人，取决于人的创新精神、创新意识和创新能力。只有不断培养出具有创新意识和创新能力的创造型人才，才能使我们有能力参与日益激烈的国际竞争，并且保证我们在竞争中于不败之地。

2. 成长价值

没有创新就缺乏竞争力，没有创新也就没有价值的提升。对于个人来讲，创新是价值的提升。在个人成长过程中，从无知到有知，创新一直是知识的源泉。失去了创新能力，对于个人来说是致命的，没有创新，生命就不会体现它应有的价值。这就要求我们中职学校必须重视并加强学生创新思维的培养。

【教育目标】

1. 认知目标

了解创新思维的含义、特点以及培养创新思维的意义。

2. 能力目标

初步掌握三种创新思维的方法。

3. 行为目标

运用学到的方法解决日常生活及专业学习中的问题。

【教育理念】

1. 马斯洛的需求层次理论。

2. 生活教育理论。

【设计思路】

本节班会以中职学生为教育对象，以任务驱动为主导，通过问卷调查、小组合作、案例分析等方式组织学生积极参与团队活动。让学生在活动中认识创新思维，理解创新思维的重要性，并指导学生掌握培养创新思维的基本方法，解决学习、生活中的实际问题，争做有创新意识的和创新能力的创造型人才。

【活动准备】

1. 设计《学生创新思维调查表》，了解学生对创新思维的认知情况。

2. 提前制作班会所用的课件。

3. 将学生分成四个小组（每组6—7人），完成小测试——用50元人民币作为启动资金，赚到尽量多的钱。

要求：

（1）学生们有四天时间去思考如何完成任务。

（2）打开装钱的信封即代表任务启动。

（3）每个队伍需要在两个小时之内，用这50元人民币赚到尽量多的钱。

（4）组长周日晚上将成果整理好发给老师。

（5）周一班会课用三分钟在全班同学面前展示。

4. 准备相关物品：水果、白色餐盘、A4纸、水彩笔等。

【实施过程】

一、教育方法

1. 任务驱动法

通过课前、课上、课后环环相扣的任务，使学生对创新思维从陌生到熟悉、从感性认知到理性认知，逐步学会创新思维的方法，并用学到的方法解决问题。

2. 案例分析法

选取三个案例，放手让学生讨论、思考、汇总、归纳，让学生通过发散思维，形成头脑风暴，自己找到创新思维的方法，收获成长。

3. 小组活动法

设置情景，学生全员参与，在活动过程中发现自身存在的不足，运用已知的方法培养解决实际问题的能力。

二、内容安排

小组汇报 ⟶ 真相还原 ⟶ 案例引领 ⟶ 学以致用 ⟶ 课后拓展

三、实施步骤

（一）小组汇报

1. 内容

每个小组分享 1—2 个解决方案。

2. 发现问题

比如，雷同度高（批发、售卖）；学生在解决问题时思维固化，找到一个解决方案后就不再动脑思考，缺少发散思维和创新思维的意识等。

目的：通过学生的实践，发现自身在解决问题时存在的不足，并由此引出本节课的主题——创新思维。

（二）真相还原

1. 斯坦福大学的课堂测试

教授给班上 14 个小组各五美元，作为启动基金。学生们有四天的时间去思考如何完成任务，当他们打开信封，就代表任务启动，每个队伍需要在两个小时之内，用这五美元赚到尽量多的钱，然后在周日晚上将他们的成果整理成文档发给教授，并在周一早上用三分钟在全班同学面前展示。

2.最佳方案展示

老师将测试中的三个最佳方案展示给学生。

目的：通过优秀解决方案的分析，让学生明白当遇到问题时，先找出看起来最明显的解决方法，然后将它排除掉，就可以开始思考其他的解决方式了。即"Think outside the box"，打破常规，创造性思考。

（三）案例引领

1.发布案例故事：《哑巴买钉子》《北风和南风》《巧解相对论》

2.将学生随机分成三个小组，每个小组负责一个案例，通过案例分析，得出启示，提炼方法：打破常规，突破定式；转换视角，另辟蹊径；发挥想象，巧用联想。

目的：以任务驱动的方式，放手让学生通过分组讨论、思考、汇总、归纳找到创新思维的方法。调动学生的发散思维，鼓励形成"头脑风暴"，让学生在任务中自觉收获成长。

（四）学以致用

1.每个小组用相同的水果、相同的盘子，发挥想象，打破常规，创意性摆盘。

2.学生之间进行交流和分享。

目的：让学生运用已知的方法，解决生活中的实际问题，从而巩固之前所学方法。

（五）课后拓展

1.理论拓展：创新思维相关知识的搜集整理

思维；创新；创新思维；创新思维的特点；创新思维的意义；创新思维的培养方法。

2.实践拓展：创新营销

以某品牌早教机商场专柜负责人的身份，为自家早教机设计一份儿童节节日促销策划方案。

目的：进一步巩固本节班会课的内容，帮助学生从理论和实践两个方面继续学习实践"创新思维"的相关内容，从而实现课内到课外的延伸。

原来创新我也行

青岛华夏职业学校　孙春瑜

【主题意义】

1. 社会价值

习近平总书记指出，创新是引领发展的第一动力。抓创新就是抓发展，谋创新就是谋未来。

创新是民族进步的灵魂，是一个国家兴旺发达的不竭动力。在迅猛的经济全球化浪潮中，惟创新者进，惟创新者强，惟创新者胜。纵观人类发展历史，创新引导着人类文明的进化历程；创新开创着人类社会的前途未来；创新蕴藏着人类发展的无限生机。一个国家、一个民族只有不断创新，才能在激烈的国际竞争中始终处于领先地位。反之，就必然落后于时代的发展，甚至会被飞速发展的时代所抛弃。

创新是增强个人能力的重要手段。创新是一种创造力，是一种思维能力，也是一种实践能力。它不仅要有扎实的基础理论和专业知识，更重要的是要有发现问题和解决问题的能力，还应善于观察、独立思考并勇于挑战。当今时代的发展对人才提出了更高的要求，社会追求的是创新型人才。具备创新能力，在未来迎接挑战的过程中便会把握机遇，赢得先机。而失去了创新能力，会将自己陷入被动，甚至失去自我发展的良好契机。

2.成长价值

建设创新型国家的首要任务是培养创新型人才，中职学生作为未来技能型就业人员重要的组成部分，承担着极其重要的作用。中职学生思维敏捷，接纳新事物速度快，实践能力强，对创新有初步的了解与认知；但从个人角度来看，其对创新有畏难情绪，不清楚个人和创新的契合点在何处，特别是对从何处入手、如何创新等问题，没有清楚的认识和深入思考。面对"大众创新，万众创业"的时代背景，通过培养创新思维方式，使中职学生掌握创新思维方法，勇于实践，特别是将"细""精""专"的工匠精神作为培植其创新能力的重要路径，这对于提升中职学生职业素养、提高其社会竞争力具有重要意义。

【教育目标】

1.认知目标

了解创新对人类、国家、社会和个人发展的意义，掌握创新思维与个人专业发展的契合技巧。

2.情感目标

培养学生勇于创新的精神，增强创新意识，使学生学会以积极心态面对职业发展和成长中的机遇与挑战。

3.行为目标

善于运用创新思维解决学习和生活中的难题，进而运用创新思维重新审视自己的职业发展路径，做到以创新引领个人成长。

【教育理念】

陶行知的生活教育理论。

【设计思路】

本节班会以中职学生为教育对象，从解答简单问题入手，激发学生对于创新思维的兴趣。课前学生准备的视频资料和演讲内容，分享给全班同学，引发共鸣，领悟创新对于人类社会、国家、个人发展的重要推动力，增强学生的创新意识。再从优秀校友刘娟的成长事迹中，以小组合作探究的方式分析培养创新思维的技巧和方法，引导学生积极实践，在行动中收获创新带来的变化与成长。

【活动准备】

1. 学生分成学习小组，每组 4—6 人为宜。

2. 每组准备 30 根牙签。

3. 每个小组课前领到两项任务：一是搜集创新给人类社会、国家发展带来变化的视频资料，进行剪辑整合；二是每个小组推选一个代表进行演讲，内容是从学生角度出发谈创新为个人发展带来的变化和成长。

4. 课前上交两项任务资料，老师进行筛选，每一项任务挑选出最优秀的小组，作为代表在课上进行展示分享。

【实施过程】

一、教育方法

1. 视频分析法

通过视频资料展现创新对人类社会和国家发展提供强劲动力，让学生通过对社会、国家前后发展状况的对比，感受创新对人类社会和国家的重要意义。

通过优秀校友刘娟的视频案例，让学生分析普通人进行创新的途径和方法，让班会更具亲切感和可操作性。

2. 小组合作法

班会开始前已进行小组划分并安排合作的任务，授课各环节也都以小组为单位进行，可以培养学生的团结合作意识。

3. 活动激趣法

每个小组以团队的形式寻找创新思维技巧，深刻理解，同时各小组形成竞争态势，增加课堂趣味性，激发学生学习热情，进而更易在今后的行动中发挥创新的指导性作用。

二、内容安排

感受创新大不同 ⟶ 看看创新有多能 ⟶ 原来创新我也行

三、实施步骤

（一）感受创新大不同——摆牙签游戏

1. 每组同学用牙签在桌上摆出 6080 的数字。

2. 移动其中两根牙签，使得摆出的数字最大，数字"1"只需要一根。

3. 老师启发引导：为什么同样的问题，每个同学的思考过程和结果都不一样呢？有些同学按照以往的思维方式，得出的数字变化不大；有些同学创新数字展示形式，得出的数字变化很大，最后赢得了胜利。那么创新真的有这么大的魔力吗？我们一起来看看吧！

目的：通过游戏的方式，调动学生的积极性，活跃班会氛围；每个小组全员参与，形成竞争态势，有益于培养学生的竞争意识。拼出的数字结果因人而异，有人还停留在四位数的调整上，有人增加位数，有人增设倍数，让学生感受创新思维在一个小游戏上带来的巨大差异。

（二）看看创新有多能——优秀小组分享课前任务成果

1. 评选胜出的小组成员上台分享视频资料

第一次和第二次工业革命极大地解放和发展了生产力，抓住发展机遇的美、英、法、日、德等国家都成长为发达国家，展现出创新为人类社会、国家发展带来的巨大推动力。视频后段转而介绍中国古代的发明对世界的贡献，从清朝开始闭关锁国，创新技术逐渐减少，沦为半殖民地半封建社会。1949 年中华人民共和国成立后，中国重视科技创新，我们又迎来了发展的新机遇，创新成为发展经济和振兴中华的新引擎。

2. 评选胜出的小组成员上台演讲

谈谈创新为个人发展和成长带来的变化。

3. 学生分享感悟

创新对人类社会、国家和个人具有重大推动力量，发表个人见解。

4. 老师点评总结

创新是推动人类社会进步的动力；创新是发展经济和振兴中华的引擎；创新是新时期青年学生发展成才的法宝。打铁还需自身硬，作为新时代的青年学生，要肩负起社会主义建设的重任，必须不断提升个人技能、增强创新意识，才能完成民族复兴的伟大使命。

目的：让学生多形式、多角度地感受创新对于人类社会、国家和个人的强大推动力量，从而体现创新在不同层面、不同领域的重大意义，激发创新热情，增强创新意识，培养创新精神。

（三）原来创新我也行—— 他山之石，可以攻玉

1.播放优秀校友刘娟的视频资料，各小组回答以下问题。

（1）刘娟流程与传统操作有哪些方面不同？

（2）针对传统操作的缺点，刘娟是如何改进的？分别对应体现了刘娟什么样的思维特点？

（3）每一次创新背后反映的实质是什么？

2.各小组讨论后分享交流。

3.老师总结：刘娟的成功源于思想上的重视创新，强大的责任感驱使她不断突破自己，她的创新主要体现在以下四个方面：一是善于观察，勤于提问。二是敢于打破常规。对于银行柜台业务流程有着自己独到的见解，左、右手同时开工，更是对常规操作流程的突破。三是不断尝试，不怕失败。在创立刘娟流程的过程中，她不断尝试各种方式方法，终于探索出一套最省时间的工作流程，提高了工作效率，带给客户更好体验。四是善于学习，不断积累。她从一个电子商务专业的学生到较快熟悉银行柜台业务并成功进行整合的专业人员，这一切都是她在不断学习的基础上实现的，创新要基于知识和经验基础之上。五是将常规工作做细、做精、做专本身就是一种创新意识的体现。

目的：他山之石，可以攻玉。学生能从自己身边的榜样身上看到，原来创新不是遥远的事情，这增强了学生创新的信心，使其将来可以在自己平凡的岗位上创造出不平凡的人生。同时，也让学生从刘娟的成长事迹中总结出增强创新思维的技巧，便于今后在实践中加以运用。

（四）拓展环节

请同学们课后结合个人所学专业，对应自己的优势或特点，找出创新点，并列出发展创新能力的思路或步骤，下次交流学习。

精准择业　成就人生

青岛华夏职业学校　许业伟

【主题意义】

1. 社会价值

党的十九大报告明确指出，就业是最大的民生。要坚持就业优先战略和积极就业政策，实现更高质量和更充分就业。

人社部数据显示，2020 年高校毕业生人数达到 874 万人，同比增加 40 万人，毕业生人数再创历史新高。2020 年上半年，全国城镇新增就业人员 564 万人，完成全年目标任务的 62.7%。城镇失业人员再就业人数 166 万人，就业困难人员就业人数 55 万人。面对严峻的就业形势，具备科学且正确的择业观念、做好充分的就业准备就显得尤为重要。

科学的择业观是正确的世界观、人生观和价值观的重要体现。科学的择业观建立在正确的自我认知和环境认知基础上，体现个人价值取向和自我实现原则，是世界观和人生观在职业取向上的反映。

充分的就业准备是职场新人顺利踏入职场、减少就业焦虑的重要途径。就业准备包括思想准备、知识技能准备、心理准备和物质准备等方面，充分的心理准备可以让准职场人以更轻松健康的心态、更强悍的就业实力获得更好的就业机会，实现个人的人生价值。

2. 成长价值

中职学生因年龄、认知和缺乏社会经验等条件限制，对社会就业形势和个人的就业前景缺乏必要的认识和充分的准备，这一不足将会严重制约学生与社会的顺利接轨和个人的长远发展。此外，在中职学生中还普遍存在就业期望值过高、忽视实践积累、抗挫折能力较弱等问题。这些问题如果不加以解决，在择业就业过程中会增强学生的挫败感和焦虑心理，对学生从学生到职场人的角色转换产生不利影响，更不利于学生今后的职业成长。因此，此次班会重在解决学生在就业意识上的不良倾向，帮助学生树立正确的择业观念，渗透职业规划意识，掌握择业准备的方法，提升职业发展的能力，实现人生的跨越式发展。

【教育目标】

1. 认知目标

了解当前就业形势，理解充分的择业准备对学生职业发展的重要意义，掌握择业准备的内容及方法。

2. 情感目标

树立正确的择业观念，调整择业心态，做好择业准备，实现从学生到职场人的顺利转型。

3. 行为目标

强化学生对个人择业就业的关注及方法指导，注重平日的积累，做好充分的择业准备，为今后职业发展奠定良好基础。

【教育理念】

1. 王守仁的知行合一思想。

2. 马斯洛的需要层次理论。

【设计思路】

本节班会以中职学生为教育对象，以活动体验为主导，通过案例分析、视频分析、小组讨论等方式组织学生积极参与一系列的团队活动，在活动中形成科学的择业观念。同时，指导学生掌握科学的择业途径和方法，做好择业的心理建设，帮助学生实现从学校到职场的华丽转身。在此过程中提高学生认识问题、分析问题的能力，发展团队协作的能力，提升学生的综合职业素养。

【活动准备】

1. 将全班学生分成六组，每组六人，每组推选一名学生作为组长，负责班会期间的活动组织和管理以及班会后续的活动拓展等工作。

2. 设计并分享一份问卷。

3. 提前制作班会所用的课件。

【实施过程】

一、教育方法

1. 案例分析法

选取具有代表性的案例揭示不同的择业观念在择业、就业过程中对个人职业发展的影响，从而引起学生的重视与反思，进而推动班会进行。

2. 小组讨论法

通过设置各种问题引发学生讨论，学生全员参与，在活动过程中代入式体验不同的择业观念和择业准备对个人在择业、就业过程中的影响，并在此过程中找到正确的方法指导自己的就业实践。

二、内容安排

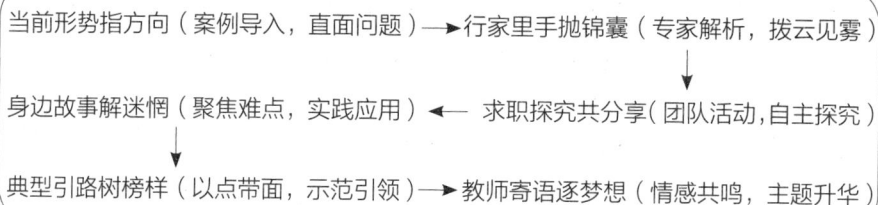

三、实施步骤

（一）当前形势指方向

1. 播放视频材料：2020 年春季就业数据。

2. 播放视频案例：电视节目《非你莫属》中，19 岁高中生张口要 500

万元年薪。

3. 小组讨论：看了上述两个视频材料，你有何感受？给你什么启示？

目的：通过两份材料，使学生明白，在当前就业形势及其严峻的现实情况下，只有具备正确的心态、科学的研判并做好充分的准备，才能打赢这场无硝烟的战争。

（二）行家里手抛锦囊

1. 出示哲理故事《雕像与台阶》。

有一座花岗岩雕刻的非常精致的雕像，每天都有很多人来观赏，而通往这座雕像的台阶也是由跟它采自同一座山体的花岗岩砌成的。终于有一天，这些台阶不服气了，它们对那个雕像提出抗议："你看我们本是兄弟，来自于同一个山体，凭什么人们都踩着我们去欣赏你啊？你有什么了不起？！"那个雕像淡淡地对它们说："因为你们只经过四刀就走上了今天的这个岗位，而我是经过千锤万凿才得以做成！"

提问：这个故事的寓意是什么？

2. 出示联想集团好员工的 12 条标准。

3. 播放视频材料：CEO 重视的员工素质。

4. 小组合作探究：从上述两个材料中提炼企业理想的员工需要具备哪些基本素养？为了在择业、就业中赢得先机，我们应从哪些方面做好充分的准备？

5. 小组分享交流，对做好择业准备的内容进行补充完善。

目的：通过丰富的材料，使学生从多角度、多层面认知社会及企业对优秀员工的要求和标准，并以此标准对照自身寻找差距，激发不断提升、完善自我的积极性和主动性。

（三）求职探究共分享

1. 出示中职学生就业调查问卷以及结果。

2. 小组活动：全班同学分为六个小组，每组就择业的六个方面（择业观、择业心理、知识储备、实践能力、人际交往、物质准备）选择一个方面进行研讨，同时就调查问卷结果进行分析，得出结论。

3. 小组分享交流，查漏补缺，补充完善。

教师点拨：择业是一个令很多人困惑的问题。准确进行职业定位，做好充分的前期准备、坚定职业信念都是必要的。职业定位和职业生涯管理的基本原则是：了解自己，做适合自己的工作，积极推动个人全面发展。

目的：针对中职学生实际情况，因地制宜、因时制宜，通过小组合作探究的形式制定专属于中职学生的择业准备行动方略。

（四）身边故事解迷惘

1.出示案例一《执拗的小王》，小组讨论

2015级毕业的小王来自临沂，在青岛某学院学习，直到大专毕业前的3个月都没有落实工作单位。刚好招生实习处的老师去参加一个省医药行业的供需见面会，顺便将他的应聘材料带去帮他落实工作。恰巧一个临沂的制药厂要他，专业对口，又是家乡，老师很高兴，立即推荐了小王。然而小王得到消息后表示自己的择业意向是青岛的单位，至于到青岛什么单位、具体做什么无关紧要，除此之外，其他单位都不考虑。在这种心态下，他能如愿吗？

（1）小王为什么难以如愿？

（2）面对如此情况，你会怎么做？

2.出示案例二《屡战屡败的小刘》，小组讨论

毕业生小刘的学习成绩和其他方面条件都不错，在择业初期他满怀信心。但由于所学旅游专业受疫情影响很大，找过几家单位都碰了壁，结果使他产生了自卑感，在后来的择业中表现越来越差，陷入恶性循环而不能自拔。在后来的应聘过程中，只能被动地问"学旅游专业的要不要"，其他什么话都不敢讲，最终也没有找到合适的单位。

（1）毕业生小刘为什么变得越来越自卑？

（2）你会如何帮助小刘进行调适？

3.出示案例三《为什么我不行》，小组讨论

中职毕业生小东口才很好，与用人单位代表交谈时自我感觉良好。他在学校期间非常活跃，是学校足球社团社长，也组织过很多志愿者活动，用人单位对他的第一轮面试非常满意，推荐他进入第二轮专业测试。但由于他在学校期间大部分时间都用于各项活动而忽视了专业学习，因此在第二轮测试中成绩排

名很差。几个单位面试下来，都没找到合适的工作。

（1）专业学习和发展能力哪个更重要？

（2）你在学校中如何平衡这两个方面？

目的：通过具有代表性的切合中职学生实际的三个案例，"照镜子"般折射出学生的择业、就业过程中在择业观和择业准备方面存在的诸多问题以及由此所导致的严重后果，从而引起学生对此类问题的重视，并找到解决这些问题的最佳方法。

（五）典型引路树榜样

1. 展示优秀毕业生刘娟的事例。

2. 小组讨论：刘娟的成功给我们哪些启示？

目的：通过优秀毕业生刘娟的事例，使学生亲身感受到职业学校学生只要树立正确的择业观念，以积极健康的心态面对择业、就业过程中的重重阻力与困难，不断充实自己、完善自我，照样可以在职场中占有一席之地，实现自己的人生价值，创造属于自己的辉煌。

（六）教师寄语逐梦想

2020 年是特殊的一年，面对疫情的严峻考验，我们看到了众志成城、共克时艰，看到了白衣天使的勇敢逆行、社区干部的辛劳坚守以及公安干警、环卫工人、运输人员、老师、外卖员、志愿者等不同职业、不同岗位上众多普通人的日夜兼程、竭尽所能。这既是一堂有关生命、医学的公开课，也是一堂关于职业选择、岗位责任的公开课。在这堂课中，同学们学到了什么？

曾有一个古老的寓言：一个过路人问三个正在凿石的石匠在做什么，第一个石匠回答说："我在挣钱过日子。"第二个石匠回答说："我在做国内最好的凿石工作。"第三个石匠仰起头来，眼中闪着光："我在建筑一座大楼。"寓言诠释了一个朴素却深刻的道理：职业本无高下，其高尚与平凡，只取决于不同的价值选择，当你热爱并坚持，它就会崇高而伟大。

当今我们倡导更为理性的就业观、择业观，希望大家认识到每一个选择都值得尊重，相信你做出的一定是最理性的选择；每个人的青春都应该闪亮，相信你的每一次努力都不会被辜负。"志之所趋，无远弗届，穷山距海，不能限也。"

就业选择至为关键，它一定是你们人生道路上的又一次成长。未来可期，加油少年！

目的：班主任以疫情中的职业选择开篇，以寓言故事明理，向学生揭示不同的职业选择、不同的职业认知会成就不同的自己，激励学生立鸿鹄志、做奋斗者，成就属于自己的职业发展之路。

有准备，竞"位"来

青岛旅游职业学校　姜泽辉

【主题意义】

1. 社会价值

习近平总书记提出，要努力培养数以亿计的高素质劳动者和技术技能人才。职业学校学生的就业情况是职业教育完成这一使命的重要性标志之一。职业学校指导学生做好就业准备，有利于提高学生就业率和就业质量，增强人民群众对职业教育的信心，从而促进职业教育的健康发展和国家社会经济的可持续发展。学生毕业后充分就业也是社会稳定的重要因素，是学校、社会、政府共同的大事。因此，职业学校在加强师资队伍建设、提高教学质量的同时，必须指导学生做好就业准备。

2. 成长价值

指导学生做好就业准备能够帮助学生尽早地关注就业，尽快地具备"社会人"意识，要引导学生根据自身优势和社会职业需要选择最能发挥自己才能的职业，全面、迅速、有效地与工作岗位结合，实现人生价值和社会价值。指导学生做好就业准备对于中职阶段学习结束后直接参加工作的学生有着积极、迫切的现实意义，也能帮助连读专业的学生提前关注、了解行业现状和发展趋势，明确个人优势和不足，从而有较充足的时间有针对性地提升自己。

【教育目标】

1. 认知目标

了解所学专业的行业现状和发展趋势，尤其是目标岗位的要求等；认识到自己的优势和不足；初步明确今后的努力方向。

2. 情感目标

培养学生正确的择业观，使其具备一定的心理调适的能力；激发学生为实现顺利就业而积极准备的动力。

3. 行为目标

引导学生关注就业动态，初步掌握面试礼仪和技巧，合理制订行动计划，做好就业准备。

【教育理念】

1. "学生中心论"。

2. 罗森塔尔效应。

3. 半途效应。

【设计思路】

本节班会以中职高年级学生为教育对象，课前指导学生通过搜索智联招聘等人才网站，写好自我分析卡片，引导学生即时关注就业信息，评估自己，初步明确努力方向。课中按照知、情、意、行四要素，通过案例分析、分享学习成果、模拟面试、多元评价等方式，帮助学生认识到提前做好就业准备的重要性，进一步发现自己的优点和不足，合理制订行动计划。班会的最后，通过诗歌欣赏和在音乐中合影留念等形式升华主题——做好准备、积蓄力量、不懈奋斗、拥抱未来，从而巩固和增强教育效果。课后班主任及时跟踪、指导，保障计划落实。

【活动准备】

1. 学生分成思想准备组、知识能力准备组、技巧准备组、心理准备组四个小组，每组推选正、副组长各一人，负责组织组员课前学习和参与班会等工作。

2. 各组根据小组名称，查阅资料，总结出就业前在思想、知识能力、技巧、心理等方面需要做好的准备，做成课件，班主任予以指导。

3. 班主任查找毕业班学生的真实就业数据，做好班会课件。

4.课前发放自我分析卡片,学生根据智联招聘等就业网站的信息,进行填写。

5.学生当天穿制服,课前通过网络资料等,自己学习面试礼仪。

6.邀请一到两名企业专家(企业人力资源部门工作人员)到现场做指导,事先沟通班会内容。

7.班主任准备手机,录制学生模拟面试过程,分享到班级微信群,以便学生课后观看、改正。

8.指导擅长朗诵的学生朗诵诗歌《起航》。

9.设计《就业准备行动计划表》,课后下发。

【实施过程】

一、教育方法

1.案例分析法

教师通过介绍本专业毕业生的就业情况以及优秀毕业生和未就业学生的在校表现,让学生认识到就业问题就在眼前,提高紧迫感,从而认识到做好就业准备的重要性。通过优秀毕业生和未就业学生的正反案例可以发现学习的榜样,同时也可以自查和反思自己目前存在的问题。

2.活动体验法

通过小组讨论、班级分享、模拟面试、填写任务卡等活动让学生在实际参与体验过程中进一步明确如何做好就业准备,最后落实到行动。

3.情感共鸣法

通过诗歌和音乐等营造氛围,使学生进一步感受到做好就业准备的重要性,从而帮助学生坚定信心,为毕业后顺利就业而努力。

二、内容安排

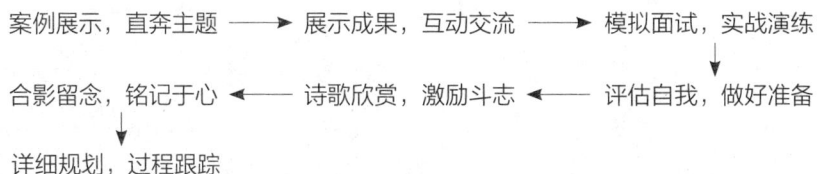

案例展示,直奔主题 —→ 展示成果,互动交流 —→ 模拟面试,实战演练

合影留念,铭记于心 ←— 诗歌欣赏,激励斗志 ←— 评估自我,做好准备

详细规划,过程跟踪

三、实施步骤

（一）案例展示，直奔主题

1. PPT 展示近年来同专业毕业生的就业情况，包括就业率、就业去向分析、优秀毕业生和未就业学生（化名）介绍等。

2. 提问：

（1）优秀毕业生的哪些方面值得学习？

（2）未就业学生在校的表现给你什么启示？

目的：用身边的人和事引导学生思考自己即将面对的就业问题，更容易吸引学生的注意力，激发其参与兴趣。通过优秀毕业生和未就业学生在校表现的正反对比，让学生发现学习的榜样以及自身的优势和不足，初步明确努力方向。

（二）展示成果，互动交流

1. 思想准备组、知识能力准备组、技巧准备组、心理准备组的学生代表结合自己做的课件，依次上台分享本组的学习成果。

2. 每组学生分享完毕后，其他组的学生谈一谈感受。

3. 企业专家和班主任对各组学生的分享内容和学生的发言进行点评和补充。

目的：根据"学生中心论"，指导学生课前小组合作学习，课上分享学习成果，有利于锻炼学生的团队协作和表达能力。学生、班主任和校外专家之间的互动交流，让学生们比较充分地了解就业前在思想、知识能力、技巧和心理等基本方面应做的准备，帮助学生明确努力方向，查漏补缺。

（三）模拟面试，实战演练

1. 企业专家现场示范和讲解面试礼仪和技巧，包括敲门、打招呼、坐姿、表情、眼神、自我介绍等。

2. 每组推选一名学生，进行现场模拟面试（班主任手机录制，课后发到班级微信群）。

3. 观摩面试的学生针对参加面试学生的表现发表意见和建议，企业专家点评。

目的：企业专家更了解行业要求，教授的面试礼仪更有实用性，学生更容易信服。学生的思想等可能不易改变，"学习效果"也不容易"监测"。但是，面试礼仪和技巧的掌握情况可以通过模拟面试的形式予以检测，帮助学生进一步完善和学习。现场模拟面试有利于激发学生的学习兴趣和参与欲望，让班会"动"起来，同时也最大限度地发挥企业专家的指导作用。

（四）评估自我，做好准备

1. 完善课前写好的自我分析卡片。

我喜欢＿＿＿＿工作，我适合＿＿＿＿工作。从事一项工作，我最看重的是＿＿＿＿。该职业及其岗位现状（工作地点分布、薪资、工作时间、岗位要求等）是＿＿＿＿＿＿＿＿＿＿＿＿＿＿＿＿＿。针对岗位现状，目前，我在思想观念、知识、能力和心理等方面具备的优点有＿＿＿＿＿＿＿＿，不足有＿＿＿＿＿＿＿＿。家庭、社会或学校能给我提供的有利条件有＿＿＿＿＿＿＿＿＿＿＿＿＿，存在的不利条件有＿＿＿＿＿＿＿＿＿＿＿＿＿。因此，我打算做好以下就业准备：＿＿＿＿＿＿＿＿＿＿＿＿＿。

2. 课上小组交流：鼓励组员之间畅所欲言，敢于真实、大胆地剖析自我。组员之间交流对彼此职业目标和就业准备的看法，每名组员接受合理意见，完善自我分析卡片。

3. 班级分享：每组选派一名代表分享自己的自我分析卡片和与本组同学交流后的感受。

4. 企业专家和老师进行点评，学生进一步完善。

目的：多元评价相结合，帮助学生认识自我、树立目标，明确努力方向，做好就业准备。

（五）诗歌欣赏，激励斗志

欣赏本班同学的诗歌朗诵《起航》。

目的：就业是人生的一次起航，意义重大。欣赏诗歌，让热烈紧张的班会氛围放松下来。在欣赏诗歌的过程中，本节班会涉及的重要内容在背景课件中再次出现，帮助学生回顾内容、整理思绪、加深印象，同时鼓励学生充满自信，不懈奋斗。

（六）合影留念，铭记于心

1.在歌曲《启程》中，班主任和企业专家总结本次班会，为学生提出建议，送上祝福。

2.全体人员合影，发至班级微信群，学生自行保存。照片冲洗出来后，贴到班级文化墙上。

3.学生们写一段关于本次班会的感受发至班级微信群。宣传委员摘录其中精彩内容，写一篇班级微信稿，发至学校官方微信平台。

目的：祝福，传递力量；音乐，升华主题；照片，留住记忆；微信，总结班会。帮助学生做好准备，拥抱未来。

（七）详细规划，过程跟踪

1.布置课后作业：学生制订行动计划（大、中、小目标）和确保落实的措施，写在《就业准备行动计划表》上，通过微信上交。

2.老师和企业专家指导学生修正、完善本人的《就业准备行动计划表》。

3.班主任对学生完善之后的《就业准备行动计划表》进一步研究分析，做好记录，有针对性地指导、督促，帮助学生实现目标。

目的：按照知、情、意、行四要素，层层推进，最后的"行"要落地。学生在实现目标过程中难免会遇到不少困难，出现很多问题，老师课后要及时跟踪、指导，化解学生的畏难情绪等，确保计划落实到位，起到应有的作用。就业指导是一个长期工程，"功夫在课外"。

"双元耦合"助力成长

    "双元耦合"班级建设模式于 2012 年开始摸索尝试，经过在 2012、2016、2019 三届班级中对比试验，不断调整，逐步完善，目前已经形成较为完整的建设框架和实施体系。为了进一步提高"双元耦合"班级建设模式的科学性、适应性和推广性，2019 年李耘心名班主任工作室成立之初，就把"双元耦合"班级建设模式研究作为工作室的主要研究课题，希望通过工作室全体成员的共同努力，使"双元耦合"班级建设模式成为富有创新色彩和独特风格、推动中职班级建设高质量发展、可助力中职学生职业生命成长、具有普适性和推广价值的中职班级建设模式。

    "双元耦合"班级建设模式是指以新视角切入，以新路径实践，将职业生涯规划教育融入班级建设中，构建"双元耦合"的三维组合，即职业生涯规划教育全过程与班级建设全方位的高度融合、学生个人发展目标与班级发展目标共同实现的同步契合、学生自我教育能力与职业发展能力联合提升的同频相合的具有创新性的中职班级建设模式。

    工作室的老师们依据"双元耦合"班级建设模式的教育原理和实施策略，在课题研究和班级实践的过程中不断挖掘其深刻内涵，并进行了极具个人特色的创新，取得了丰硕的班级建设成果和育人实效。老师们将研究和实践"双元耦合"班级建设模式的心得和成效通过不同的视角进行反馈，就成为呈现在大家眼前的这一个个学生成长与蜕变的小故事。这些故事大家可能似曾相识，因为它就是我们真实班主任工作的重现，但老师们春风化雨的工作，或睿智、或温暖，帮助学生们走出阴霾、沐浴阳光、精准定位、扬帆起航，展示了教育的魅力，也展示了"双元耦合"班级建设模式的强大育人功效。

奔向心中那片海

青岛交通职业学校　张倩

点燃心中的小火苗

同样是夏末秋初，同样是热热闹闹的学校，不同的是今年迎接我的是一张张全新的面孔。刚刚送走了毕业的高三学生，这一次我又将重新起航，开始新的征程。

我满怀着期待往高一三班的教室走，还没到门口就看到一个男生站在楼梯拐角处，他余光瞄到了我，顺手将手里的烟头熄掉。我皱了皱眉，走上前，想要训斥一番，谁知那学生似乎没看到我，转过身几步就走进了高一三班的教室。

这是我第一次见到小松，说实话，印象非常不好。

走进教室，我微笑扫视着面前坐着的一个个新面孔，他们紧张又充满期待的表情，让我瞬间恢复了心情。高一三班的学生入学成绩分化比较明显，但是同样稚嫩的脸上却有着同样的对未知环境的探索与新奇。我简单地熟悉了下班里的学生，同样也记住了那个让我印象深刻的小松。

午休的时候，我特意将小松叫到了我的办公室，询问了他吸烟的事情。小松却始终一副吊儿郎当的模样，似乎无论我说些什么，他都无动于衷。我顿时感觉有些无力，警告他几句便让他回去了。隔壁的王老师凑过来，叹了口气道："你这是碰上块儿棉花，捅不出窟窿不说，还白费劲儿。"我看着王老师无奈地笑了笑，打开笔记本，将小松的名字写在了上面。

接下来的几天，除了上课之外，小松就成了班级里我主要的关注对象。小松平时上课不认真听讲，下课也不会主动与老师沟通。他的普通话很好，经常被老师作为榜样教育其他同学，他对自己的这个特长很是引以为傲。小松是一个表面看起来懒懒散散但是动手能力很强的男生。他会将同学苦恼了很久却没有办法设计好的板报，几笔之间来个大变样，引得同学们一阵惊叹，他也可以看似不经意地随手将班级坏掉的椅子修理好。但他与其他同学却似乎仍有些格格不入，几次还因为同学说他皮肤黑就跟对方大打出手。不出一个月，他已经是学校里的"风云人物"。作为班主任，我几次找他谈话，但他始终是一副"左耳进，右耳出"的姿态，让我暗自着急却又使不上劲儿。

在第一学期中旬，学校组织了文艺汇演。班里的同学都推举小松报名参加主持人选拔。小松似乎有些犹豫，看起来像是兴趣不大，又好像觉得自己会做不好。同学们便开始给他加油打气，希望他可以去报名参加选拔，证明自己，为班级争光。在同学们的鼓励下，小松似乎有了更多的信心，终于报名参加了。

自从报了名，小松始终是一副志得意满的样子，似乎这个主持人的名额早已是他的囊中之物。我几次劝他要多做准备，毕竟机会只会眷顾有准备的人。对于我的劝说，小松仍是一副嫌我多管闲事的样子，甚至表现出了厌烦。

选拔日当天，小松成为唯一一个没有做准备的参赛者。他尴尬地站在台上，看着台下的评委却一个字都说不出来。他引以为傲的普通话在此时也帮不上他任何忙。毫无疑问，小松落选了。自从那天开始，小松变得更加阴郁了。对于同学和老师的关心，更加拒之千里之外。他似乎对自己丧失了信心，也拒绝外界的关怀。他变得更加暴躁，一点儿小事就能让他发脾气甚至和同学争吵打斗起来。

终于，在临近第一学期结束的时候，我正式将小松的母亲请到了学校。小松的母亲到了学校，先是给我赔礼道歉了一番。他的母亲态度很诚恳，似乎已经习惯了学校不时地请家长做三方会谈。我委婉地告诉小松的母亲，这一次的三方会谈并不是小松犯了什么大错，而是对于这个可造之才，我想了解他更多，也想帮助他改变和成长。他的母亲听了我的话，似乎有些激动。她告诉我，小松还有个比他小几岁的弟弟，平时家里人更关注年幼的弟弟，所以疏忽了小松。久而久之，小松似乎觉得家里人不再爱他，便开始制造各种麻烦来寻求关注。家里人发现小松的异样时已经晚了，他已经变成了"不可救药"的孩子。家里对于这个孩子已经无从下手，只希望学校和老师能帮忙管好他。然而初中一路走来，小松不但没有"变乖"，反而越来越胡作非为，老师和家长都拿他没办法。

从与小松母亲的交谈中，我能感受到家庭对小松的影响。他似乎努力地想要在众人的视线中获取一席之地，所以他不断地制造出一些麻烦，让人们不得不将目光转向他。这种吸引人注意力的行为很幼稚，但是对于小松来说，却是能够快速获取他人注意力的有效方式。小松原本很喜欢参加各项班级和学校的活动，却在逐渐失去关爱的情况下，一点点丧失了信心，也缺乏对做好事情应有的积极态度。

注意到这一点，我决定帮助小松重拾信心，同时也让他能够学会如何将事情做好、如何与亲密的人相处。另外，通过这次交谈，我也与小松的母亲约定，家庭成员之间要每日互相问候，家庭的交流和关爱必不可少。家长应当经常对小松的正确行为予以肯定，同时也要为他树立信心提供坚强的后盾。对于我的提议，小松的母亲很是赞同，表示一定会配合我的工作，为小松的转变和成长共同努力。

接下来的一段日子，我观察着小松的变化，也努力让他更多地参与到班级活动之中。开始时他很抗拒，似乎畏惧周围人的眼光，担心他们会看不起自己。临近学期末的时候，我发现小松似乎有了改变，他变得会主动和老师打招呼，甚至会主动帮助同学。我偶尔会问小松和父母的关系如何。他总是随口说："还那样！"但是从他的表情来看，似乎没有了先前的紧绷，反而有些开心。

小松的改变让我对未来的改造计划有了更多的信心，这样的小松让我看到了用爱的教育转变一个人的作用，也让我看到了未来努力的方向。

后记：

对于班主任来说，每届班级难免会遇到几个"熊孩子"。如何对"熊孩子"进行转化，是老师们需要面对且亟须解决的问题。很多时候，"熊孩子"的转化并不那么顺利，对于他们问题的挖掘、原因分析以及转化计划都需要老师们去精心分析和研究。但是即使计划实施了，也可能因为某种内因或外因，造成转化效果不佳，甚至可能造成变本加厉的情况。这不仅让老师们耗费了不少时间和精力，也同时会让老师们产生无力感。我认为，在转化这些学生的过程中，不能单纯地只看表面现象，或只针对一个"病症"下药，而是应该从以下几个方面进行分析和研究。

1. 对于学生差异表现的原因应当进行全面且深入的分析研究，不能单纯地只观察表面现象。我觉得，学生之所以会产生行为或心理偏差，很大一部分原因是来自外界的影响。对于很多学生来说，他们的身体和心理正处于变化和发展的阶段，外界的任何刺激都可能造成他们的心理或行为偏差。而刺激他们产生偏差的那个诱因，才是我们需要深入挖掘的真正原因。而这个外界影响，很大一部分是来自于学生的原生家庭。在学生的成长过程中，家庭的教育和交流方式、亲子之间的关系和关爱程度，都是影响学生思维和行为变化的重要因素。班主任在开展引导工作之前，首先要了解学生的家庭情况及成长经历，并根据学生的行为模式，要求学生的家长进行同步的教育协助，帮助他们正确地关爱和引导孩子。

2. 对问题学生来说，教师与他们往往是对立的关系。很多时候，他们排斥教师、排斥学校，甚至排斥身边的一切。想要转化他们，首先要与他们建立起和谐且亲密的师生关系。只有让学生与教师在情感上建立沟通，才能让他们信任教师、接受教师。如果学生与教师无法建立有效的情感沟通，则他们很难在其他方面对教师产生认同感。那么，对于教师来说，付出再多的努力，也只能得到事倍功半的效果。教师与学生建立有效的情感沟通，应当先转变自己的思想，不要以指令性的思想和语言与学生沟通，应该更多地倾听他们的想法，问问他们想要做什么。学生愿意更多地诉说和交流，既有助于教师与学生之间的情感沟通，也有助于教师制订针对学生的帮助计划。

3.教育转化永远不可能一步到位,需要一定的时间与努力。对于教师来说,足够的耐心与承受力是必备要素。很多时候,转化问题学生是漫长且极易反复的过程,这就要求教育者要不断地去强化自己、完善自己,以坚持长期奋斗。我始终认为,教育更多的应该是对于学生自我认知的唤醒与塑造。教师需要不断地充实自己、磨炼自己,坚信没有无法转化的学生,只是方法可能没有运用到位。即使出现了波折,也要坚定信念,将转化进行到底。

教育不是灌输,而是点燃火焰!

沉甸甸的笔记本

高一的第一学期很快过去了,同学们之间早已没有了开学时的陌生感,逐渐变得熟络起来。临近假期,不少学生已经约好了假期一起活动。

此时的小松看起来却似乎有些紧张和忐忑。几次询问过后,他才说出了心里话。原来他担心这一段时间每天在家里,会破坏好不容易得来的家庭融洽的氛围。对于小松这种有些"杞人忧天"的担忧,我反而发现了他在其中隐藏着的在乎。他在乎现在美好的家庭氛围,在乎父母对他的关爱,更在乎自己能够享受多久这样的幸福。

我将小松心中小小的秘密记录了下来,并与小松约定,将假期中美好的时刻都记录下来。结束了与小松的谈话,我便与小松的母亲进行了电话沟通。询问了小松近一段时间在家里的状态,也将小松那些"担忧"告知了他的母亲。小松的母亲对于我反馈的情况很是意外,她能感受到小松最近的变化,却也隐隐感觉到这几天小松不开心。只是,无论她怎么询问,小松都没有告诉她实话,听到我说的原因,她终于恍然大悟。小松的母亲对于儿子有这样的担忧很是心疼,也与我约定会努力为小松维护好现有的家庭氛围,并会积极地配合我的工作,更多地鼓励和关爱小松。

假期结束后,在开学的那一天,我看到小松远远地和我打招呼,我的心中很是欣慰。一个假期的家庭关爱让小松不再抵触与其他人的交流，也不再拒绝他人传达的善意。虽然在班级里他仍然不积极主动地参与集体活动，但是对于周围人的态度却有了明显的转变。他不会再因为其他人说了他不喜欢听的话就与对方大打出手，更不会对于别人善意的关心表现出不屑和抗拒。

看得出，小松的一切似乎都在向好的方向发展。

学期中，学校组织技能节，我毫不犹豫地任命小松为创意队队长，由他挑选团队成员，自行设计及制作创意项目，并参加全校评比。一来，因为小松的动手能力在班级里是数一数二的；二来，他的创意设想每每在班级里亮相都会受到同学的欢迎；最后也是最重要的一点，让小松有更多的机会参与班级活动，让他与同学和睦相处，是我这一阶段最重要的工作之一。

对于我的安排，小松原本有些排斥，但看到同学们似乎对他这个队长颇有些期待，他的信心瞬间倍增。接下来的几天，他带着队员制定了项目设计方案。在这个过程中，小松的领导能力可见一斑。他也不是一个武断的领导，对于队员提出的建议，他往往都会听取。队员们似乎也对小松的领导很有信心，不仅积极配合小松想创意、找材料、做样品，更是对小松的各项安排"使命必达"。对于小松能够有这样的凝聚力并能激发出团队的高效协作力，我感觉既意外又欣慰。

经过几天的努力，团队成员之间产生了一股极强的凝聚力和团队合作精神，这也让小松整个人都很兴奋。他带着队员精心进行了"创新火腿肠包装设计"，并最终以这个项目获得了一等奖，并赢得现场的企业领导一致好评。

比赛的结果让全班同学都很雀跃，小松和他的队员们更是激动得紧紧抱在一起。大家几天的努力没有白费，结果是超出他们预想的成功。除了所有成员的努力，小松的领导和创意也是不可或缺的。

这场比赛让小松在班级里的处境发生了变化。原本对他避之不及的学生现在会主动和他打招呼，还有人会主动询问他一些创意设计上面的问题。小松虽然表面上总是一副拒人于千里之外的态度，但看得出，他很享受被人需要的感觉。对于小松来说，技能节是他展示自己的一个窗口，也是他获得更多关注的途径。

　　自那一次比赛之后，小松有了新的变化，同时也是我所期待的变化。我将这一切全部记录在笔记本上，细细规划着未来的引导方向。

　　临近期末，我将小松再次叫进了办公室，将近一年的时间，小松对于我的谈话不再是抵触和抗拒的，也不会表现出满不在乎的样子。他认真听着我说话，并且对于我的提问都一一做了仔细的回答。当我问到他家庭关系的时候，他的脸上是轻松的，他笑着说："挺好的。"我又询问最近弟弟有没有影响他的学习，小松搔了搔后脑勺说："他是小孩子，我不跟他计较。"从小松简单的几句话里能够看出，对于弟弟的存在，小松也不再是一味抗拒。

　　我将一年来记录的关于小松的点点滴滴，他的各种小脾气、各种捣乱博关注以及他的各项成功的事例、各种受到好评的时刻等一一展现在小松的面前。在那个小小的笔记本上，还有着我对于小松种种变化的想法以及我为小松设计的一个个帮助他转变的"小计策"。

　　小松拿着笔记本，看着上面的内容，瞬间红了眼眶。他坐在我面前，双手抓着笔记本，嘴巴咧得大大的，眼泪止不住地往下落。我慌忙拿纸巾去帮他擦眼泪，却仍然无法让他平静下来。他一边哭一边说："老师，我真的不知道您这么关心我！我不值得您这么用心。"我拍了拍他的肩膀，笑着说："每个学生都值得老师用心去关怀、去教育。你们都是老师的好学生啊。"小松仍然哭得抽抽噎噎，说出的话也断断续续，只来回说着："我太让您费心了！我错了！"

　　小松擦拭着眼泪，直到他渐渐平静下来，我才看着他认真地说："你只是为了正确的事情用了不对的方法。这并不全是你的错，老师和家长同样有错。"小松看着我，眼神中满是坚定："老师，您放心！我一定不会再让您着急，我一定会用心学习！"

　　这一次交谈如同之前的一样，与他的约定增加了关于梦想的内容。对于梦想，小松似乎已经有了自己的想法。但对于小松的规划，我与他约定一定要尊重自己的梦想，并向着梦想的方向，一步一步坚定地走下去。看着眼神中燃着火焰的小松，我的心中有了更深的坚定，坚定地为每一个学生而努力。这，就是我的梦想！

后记：

俗话说，金无足赤，人无完人。学生因为家庭环境、社会环境、自身因素、成长因素等各方面的不同，存在着差异。有一部分学生因为其行为偏离正常的衡量标准或是成绩无法达到老师与家长的预期，往往就被冠上了"坏学生""后进生"的名号。这一部分学生究竟是无法拯救，还是需要更多的耐心去教育和引导，全看教师以怎样的心态去面对他们。当代教育的一大核心内容就是教育是面向全体学生的，新课标要求学生成为学习的主体。如何让学生达到教育目标，成为符合素质教育与新课标要求的学生，是教师需要认真思考和研究的。

问题学生的转化是教师亟须解决的问题，也是让教育面向所有学生所必须经历的过程。

1.教师应当善于发现学生身上的闪光点，并对其进行有效利用。教师对于一个学生身上的优缺点应当有足够敏锐的观察力，并且根据实际的需要对其优点进行扩大，塑造成为这个学生的闪光点。对于学生身上的缺点，教师应当在发现问题后及时进行纠正和教育引导，帮助其将缺点尽快修正。对于问题学生来说，往往被夸大了缺点，而他们身上的闪光点却容易因为被夸大的缺点而被忽略掉。针对这一问题，教师应当积极探寻问题学生身上的闪光点，并对其进行赏识教育。所谓赏识教育实际上就是一种激励教育，这对问题学生转化非常重要。教师在发现问题学生的闪光点后，应积极为其营造"闪光瞬间"，将其优点突出，并为他们创造更多的机会展现出自己的优点，让他们感受到成功的喜悦。学生的自信会在不断地展现与成功中积累出来，同时也能修正其原来的错误观念和意识。所以，赏识教育在问题学生转化中起到了非常重要的作用。

2.问题学生转化过程中，家校合作具有非常重要的作用。学校教育与家庭教育对于一个学生的教育来说是不可分割的两个重要部分。这两者独立存在却又互相影响和作用。只有将两种教育模式结合起来，取长补短，增强互补作用，才能形成有效的教育闭环，帮助学生更好地学习和生活。家长与学校应当保持及时有效的沟通，并保持连续性沟通，切不可出了问题再沟通，那样不仅会影响问题的及时有效解决，更不利于学生的教育。只有家校合作，家长与学校随时保持沟通，了解学生在家庭与学校中的各种变化，才能及时发现异常、解决异常，帮助学生健康、快乐地成长。

3. 帮助问题学生融入环境，增加其与他人沟通的机会。对于问题学生来说，往往会因为被贴上标签而被周围的同学用异样的眼光、态度去看待。这不利于问题学生的转化，更可能会在某些时刻导致转化失败甚至倒退。所以，帮助其融入环境，通过环境改变他们的心理，才能够真正实现有效转化。如何营造良好的环境，让其他学生平等对待，这是作为老师必须要思考和解决的问题。营造一个没有"鄙视链"的学习环境，是每位教师努力的方向。

没有爱，就没有教育！

帆影幢幢，有我一点

第二学年在金秋时节再次开启。经过一年的相处，同学们之间已经非常熟悉，开学第一天一大早班级里就见同学们三五成群，聊得热火朝天。我走进教室的时候，正好看到小松和身边的几个同学说说笑笑，早已没有了先前的拘谨和抵触。

同学们看到我都热情地打着招呼，让我感觉自己也成了他们中的一员。

这个学期，学校安排了专业课的内容，希望同学们可以在课堂上学习到实践中能够用到的技能。对于增加的动手操作较多的课程，小松似乎更加感兴趣，每次上课都是一副兴致勃勃的样子。他原本动手能力就强，对于需要动手操作或是需要发挥想象和创意的课程，他总是能够很快投入，并快速掌握课程的内容。

小松像海绵一样不断吸收新知识的状态，我看在眼里，心中很是欣慰。技能课的老师也经常在我面前夸奖小松学得快，练得还特别认真，比班里其他学生更能熟练掌握课程内容。据说学习打绳结的时候，老师教授打绳结的方法，小松总是看一遍就能学会，并且完全符合要求。技能课的老师常说，打绳结是保证海上安全的关键所在，学习打绳结是航海的基础的基础。

有一天午休的时间，我无意中看到小松靠在楼道的栏杆上，手中拿着根绳子，一边跟同学聊天，一边手中不停地打着绳结。我好奇地走过去，看了眼小松手中大大小小十几个绳结，问道："这些都是技能课上学的？"小松的脸上暗暗透出一些红色，似乎不知道该怎么回答，只是"嗯"了一声。他身边的几个同学倒是满脸兴奋地说着："小松可厉害了！老师教的绳结他都是学一遍就会，还能给我们做示范呢！"旁边另一个同学也不忘打趣："自从学习了技能课，小松手上这根绳子就没见离开过，每天都在不停地练习。"被同学们这样说着，小松脸上的红晕更加明显了一些，他将手中的绳结绕在手上，看着我道："老师说，要保障航海安全，学会打绳结是最关键的，所以我想多练习练习。"

现在的小松已经不再需要我的协助也能够和同学和睦相处，同时他也成为很多同学心目中的榜样。这样的小松与高一刚入学时那个浑身长满刺的"小刺猬"有了天壤之别，就好似一块儿璞玉，终于被洗净了淤泥，等待着匠人的精心打磨。

学期中，一个振奋人心的消息在校园中传开了。学校自主研发的第一批实训用帆船珐伊26即将在奥帆中心下水。对于航海技术专业的学生来说，这简直就是近距离接触梦想的机会。所有的学生都盼望着下水仪式那一天，等待着亲眼见证这历史性的一刻，亲手摸一摸承载他们未来梦想的"小船"。

在参加下水仪式的当天，小松显得异常的紧张和激动。我站在一旁看着他小心翼翼地走向一艘珐伊26，伸出手轻轻触摸船身的样子，就好像在触碰一件极为珍贵的宝贝。他仔仔细细将帆船的里里外外看了一遍，又盯着发动机看了许久。对于小松的举动，我默默记在了心中。这是我第一次在小松眼中看到了炙热的光，是对未来和梦想追求的光芒。

接下来的一段时间，我总看到小松拿着几本杂志在研究，杂志上的内容无一例外都是各种帆船资讯以及帆船模型的图片。小松变得安静了许多，不再为了博取他人的关注而做些莽撞却毫无意义的事情。他有了自己的目标，也有了自己专注研究的东西。小松在课堂上也变得活跃起来，每每提出的问题总是能扣中知识的要点，更有时候他提出的问题都需要老师们仔细地研究和分析一下。

对于小松的转变，我看在眼里，小松的家人同样感受强烈。小松的母亲打了电话过来，说小松现在回到家总会拿着学校的书本仔细研究，有的时候还会拿着杂志跟他们说一些他们也听不明白的帆船知识。虽然他们并不清楚那些让小松兴奋不已的内容究竟是什么，但是他们很开心能够看到小松为了学业、为了自己喜欢的东西如此认真。另外，小松的母亲还说，小松偶尔也会给弟弟讲一些关于帆船的故事，对于将来能够出海有着极大的期待。

让我欣慰的是，与小松母亲的交谈不再局限于如何帮助小松纠正错误的行为，而是如何帮助他树立梦想、实现梦想。

10月底，学校组织了"帆船进校园"活动，邀请一部分学生到奥帆基地进行为期两周的集训。这可是千载难逢的机会。对于这些早已将帆船当成梦想的学生来说，这就是他们向梦想踏出的第一步！参加集训的名额有限，同学们都卯足了劲儿想成为被选中的幸运儿。

听到集训选拔的消息，小松满脸兴奋地想要报名参加。但听说需要综合评估学生学习和综合素质进行人员筛选之后，小松顿时有些气馁。发现小松情绪的变化，我找小松进行了一次简短的谈话。

谈话的内容很简单，我告诉小松，过去的事情并不能评断一个人的现在，更加不能预测一个人的未来。不要有任何负担，既然有梦想就应该大胆去争取。过去的一切都是一个人成长的经历，它只是帮助你成为更好的人，不应该成为你停滞不前的阻力。

听了我的话，小松终于不再犹豫，报名进行了集训选拔。最终，因为优秀的实操技能评分以及全面的知识储备，小松成为集训队的一员。集训的两周时间，成员们不仅完成了人生第一次帆船下水，更尝试了驾驶的乐趣，感受到迎着风浪破风向前的滋味。

集训结束回来，我发现小松又有了新的变化。他更加喜欢与人交流，更喜欢将自己的感受告诉其他人，同时也更加善于帮助他人。小松眼中的光芒不减，眼神中更多了一丝坚定。对于小松能有这样的变化，我感觉自己与家长的努力没有白费，小松正一点点向着技能型人才的方向大步前进。

经过对小松的跟踪，我逐渐整理出了关于如何有效引导和教育学生的经验，以让他们能够发现梦想、创造梦想、实现梦想，让我的教育事业能够不虚此行，让学生们能够不枉此生！

后记：

在问题学生的转化过程中，如何帮助他们发现梦想、实现梦想是教师工作的一大重点。问题学生往往被定义为"没有梦想""没有前途""无用之人"等，很多时候，他们真实的想法、他们拥有的梦想都被忽略甚至否定掉了。帮助他们守护梦想、向梦想前进，就需要教师与家长共同协作，积极帮助他们以梦想为方向，努力拼搏。

1. "对症下药"，因材施教。很多时候，问题学生的成因除了外界影响之外，还包含着问题学生自身缺乏自主意识、缺少行为准则，没有实际的行动目标而导致行为偏差。在这种情况下，教师就应当明确原因、"对症下药"。针对因外界因素造成的"病情"，教师应当帮助学生隔绝外界不良因素的影响，帮助他们创建有利于学习和成长的健康环境，以达到积极的促进作用。如果一名学生没有远大理想，无法区分国家、集体和个人三者之间的正确关系，缺乏辨别是非的能力，怕吃苦、贪享受，教师则应当加强对学生的世界观、人生观、价值观的培养，帮助他们明确自己存在的意义和价值以及自身价值体现的方式和实现自我价值的途径。对于问题学生的不同成因，寻找"病因"才是关键，教师想要成为"良医"，就要先学会观察和发掘，成为真正能够"祛病除根、药到病除"的"好医生"。

2. 循循诱导，激励成才。"说教"在教育行为中始终被认定为一种不受欢迎的教育方式。教师如果无法掌握"说教"的分寸和尺度，不仅会导致受教者的反感和排斥，更可能造成学生逆反，产生不良后果。对于教师来说，让学生能够自主发觉、自己感受才是真正高明的教育技巧。教师不应当成为一味只会"说"的角色，更多地应该成为学生前进的引路灯，身后的推动力。对于问题学生来说，他们所表现的满不在乎往往是来自于内心深处的"很在乎"。所以，拼命地抓着他们的错误去说教，无疑是在他们的伤口上撒盐。那样就会造成问题学生更加逆反，不仅适得其反，可能还会造成更加恶劣的后果。所以，教师在针对问题学生转化的问题时，应当首先找出其出现问题的根本原因，再对他们进行适当启发，引导他们将负面情绪转化为正面动力，将满腔的热血用于必要的"正途"。当问题学生能够在学习、生活、社交等各个方面得到正向的刺激，他们就会感受到来自这些正向刺激的快乐，也会让他们更加能够接受教师的引导，逐渐抛弃陋习，养成良好的学习和生活习惯。这个过程可能会因为学生的个体性差异而有时间上的差别，这就需要教师有足够的耐心和爱心去关心和帮助他们。对于问题学生的转化，切忌半途而废。

让每一名学生在学校里抬起头来走路！

奔向心中的那片海

第二学年的下半学期一开学，同学们就开始忙碌起来。各项技能培训课程与常规课穿插进行，同学们的学习生活丰富又充实。

这个学期，我将对小松的关注放在了他的成绩提高与技能提升方面。摆脱了先前与人沟通以及心理方面的障碍，小松变得更加活跃，也更有进取意识。他更多地将注意力放在了对专业技能的学习和知识储备的方面，不但开始积极地向老师和同学请教，更会将学习的内容进行延伸及拓展。对于小松这种积极获取知识的态度，我感觉这一年多的引导和帮助没有白费。

为了帮助学生们更好地掌握技能知识，对专业学习有更加浓厚的兴趣，学校还举办了"青春导师进校园"和"青联委员进校园"等活动。

学校邀请了优秀毕业生牛笑天到学校为同学进行指导。牛笑天毕业于我校航海技术专业，现在是一家游艇公司的负责人。他来到学校，为同学们带来了最先进的游艇与帆船知识，更为同学们讲述了许多关于航海的故事。对于这位年轻又富有魅力的导师，同学们表现出了极大的热情。我注意到小松在听牛笑天的讲解时，眼神中透露的是无限的憧憬。学校还专门为同学们组织了技能大比拼，由牛笑天为大家做专业指导。小松再次在这场比赛中脱颖而出，被牛笑天亲自指导，引得不少同学的羡慕。

学校邀请的另一位专业"大咖"则是国家深海基地管理中心潜航员杨一帆。杨一帆不仅是市青联常委，更是"蛟龙"号的研究员。听说杨一帆要进校园为大家进行演讲，学生们踊跃报名，生怕错过了这难能可贵的机会。对于学生们来说，"蛟龙"号可是他们梦寐以求的梦之船，是他们心之向往。小松自然也不例外，不仅早早准备了一堆自己准备的材料，还带上了自己想要请专家解答的问题。杨一帆对于小松提出的问题很是重视，不仅认真回答了他提出的每一个问题，更是在课后对指导老师说小松未来一定会有不错的发展。

自从两位导师来到学校指导之后，小松学习和研究的劲头儿更盛。他利用上课的时间认真学习着老师教给的每一项专业知识和技能，下课则利用课余时间努力充实自己的知识储备。他似乎终于找到了值得自己付出全部精力去努力的事情。

偶尔在下课时看到小松，他要么是和几个同学凑在一起讨论最新的航海讯息、专业技能，要么就是独自一人努力练习着老师教授的技能。这样的小松早已没有了一年前那种孤傲又别扭的模样，现在的他有了自己的目标，也有了为之奋斗的动力。

学期将近一半，我单独找小松讨论了一下他未来的发展规划。让我意外的是，小松对于自己未来的发展有着很明确的想法。他希望可以成为一个能够征服大海、享受大海的人。对于小松如此坚定的梦想，我感觉很是欣慰，但同时也提醒小松梦想需要一步一个脚印去实现，而不可以三分钟热度地去做口头上的梦想与规划。对于我的提醒，小松有些似懂非懂。我决定帮助小松制定一个符合他现状的可行的发展规划。我让他仔细想想自己为了实现梦想准备如何去做，能做到什么程度，并且着眼于现实，一步步制定出能够从现在开始采取的措施。

小松对于这个未来规划的制定很重视，先是将他未来想要成为的人写了下来，同时也写出了要成为这样的人需要具备的条件。接着，他根据这些需要具备的条件又制定了对应的实现途径和方式。针对不同的途径和方式，小松又着眼于自身情况，写下了能够切实做到的准备工作。

看着小松珍重地将自己的梦想规划递到我的面前，并满眼期待地看着我的时候，我似乎已经看到了站在成功那端的小松。他并没有用浮夸的辞藻，而是认真地思考，并根据自己能做到的每一步进行谨慎而又合理的规划。

我让小松将自己的梦想收好，并叮嘱他要牢记自己的梦想与规划，终有一天他一定能够成为自己想成为的人。

为了实现梦想，小松开始积累自己的技能，并不断通过各种比赛来提升自己。有的同学对于小松的行为不以为意，觉得他不过是白费功夫。那些能够拿冠军的都是得天独厚的幸运儿。对于旁人的声音，小松每次都是一笑而过，这些声音并不能对他造成什么影响。

首先他报名参加了青岛市高中帆船比赛，虽然只得了团体第四名，成绩不算理想，但是对于小松来说，这已经是他向着梦想迈出的最坚实的一步了。

紧接着他又报名参加了中国家庭帆船赛，分别获得了青岛赛区 Hobie Getaway 第一名和 Hobie T2 组第三名。这样的成绩已经证明了小松努力的方向是正确的，并且也使他增强了信心。

小松并没有因此止步，而是更加积极地练习，报名参加各种各样的比赛，不同的比赛带给小松不同的成长。在团队比赛中，更加注重的是团队的综合实力，需要每名成员都尽自己最大的努力，并具有足够的核心凝聚力，才能真正实现胜利。而个人赛对于个人的实力要求更加严格，同样也要求个人具备足够的应急技能及经验。

在参加国际中学生精英赛预赛期间，小松就因为帆船在出发不久遇到突然出现的海浪险些被甩出去。还好他足够沉着冷静，及时掌握住角帆，并在出发前再三检查了绳结的安全性，才避免了一场事故。虽然肩部和脚踝部因为承受了巨大的力量造成了损伤，但他还是坚持完成了比赛。这一次经验也让小松成长了不少。自此之后，每一次出海之前，他都会仔细检查每一处绳结和帆船的每个部分，保证行驶安全。

这一次沉着应对突发情况的表现也让小松被市队和俱乐部发掘，并在之后的比赛中对他进行了综合评估。当他最终成为国际中学生精英赛总冠军的时候，也同时被市队签下，成为一名二级运动员。

回顾这两年的时间，对于小松来说无疑是一个从自我怀疑到自我认知的漫长时间。他在这段时间里有过迷茫，也有过挣扎，但最终他为了梦想而坚定了信念。看着小松一步步从家长与老师不知如何对待的"熊孩子"，逐步成为一个被大家肯定的优秀学生、优秀运动员，他背后所付出的努力与汗水是我们不能忽视的。我很幸运能够成为小松的老师，也很开心他能成为我的学生。他让我认识到了自己工作的重要性，也让我看到了未来工作的努力方向。我会努力为更多的"小松"付出自己的努力，让更多的"小松"能够展现自我，成为效力国家的栋梁之才！

后记：

梦想每一个人都有，却不是每一个人都能为之而奋斗。对于学生来说，梦想是他们能够实现转变、为展现自身价值而奋斗的最重要的目标。一个合理的职业规划是他们能够有效实现梦想最重要的途径。教师应该引导学生以合理的方式去规划自己、规划未来的人生。

1. 实现梦想需要坚定信念，相信自己一定能行。信念对于一个人来说难得又宝贵。信念是否坚定关乎着梦想能不能够真正地实现。只有一个人拥有足够坚定的信念才能向着自己的梦想不断地前进。困难在信念坚定的人面前都会变得不堪一击。有些人所谓的梦想不过是一时兴起，并没有接下来的行动，为自己的梦想去努力、去拼搏。高喊着口号却不付诸行动的人，最终也不过只是梦一场。只有坚定信念的人，为了自己的梦想努力前行，才会迎来梦想成真的一天。对于他们来说，来自外界的打击不过是实现梦想路上的小插曲，对于他人的不理解，他们总是能够一笑置之。真正值得他们关注的只有如何最终实现梦想。要帮助学生树立坚定的信念，让他们深刻理解，坚定信念能够为他们带来的是一生受用的能量。

2. 实现梦想需要淡泊名利的心。一味追求胜利的人，往往会因为前进路上一些不起眼的小失败而停步，失去最终获得更大成功的机会。梦想并不是沿路的风景，也不缥缈虚无，它应当是我们为之全力以赴的目标。在对学生的教育过程中，应当帮助学生树立正确的价值观与胜负意识，让他们不要急功近利地前进，更应该关注脚下的每一步，走好成功路上的每一步。

3. 做好规划是实现梦想的基础。对于梦想，很多人都能够说出一两个，而如何去实现梦想，却不是每个人都能思路清晰的。很多人对于梦想的理解不过停留在这两个字的字面意思，真正想要实现梦想的人会做好每一步规划，从自己的实际情况出发，一步一个脚印地去努力，安排自己生活中的每一个细节，都是为了实现梦想而做的准备。教师在教育学生的过程中，也应当时刻帮助学生规划自己、规划人生、规划梦想。

装好行囊出发吧

两年的时间匆匆而过，原本稚嫩的他们如今也面临着实习与就业的问题。每一年的这个时候，都是学生们焦头烂额、老师们积极进行心理辅导教育的重要时期。

如何快速融入社会，如何让自己在社会中实现自身价值，是学生们首先要考虑的问题，也是让他们好奇与畏惧的问题。初入社会的学生往往因为好奇心而显得兴致勃勃，在分配实习或是自主实习的过程中，总是开始的时候志得意满，但是紧随着一系列实际的问题出现，许多学生就变得手足无措。缺少实际社会经验的学生在这个时候更需要老师们的有效引导和辅助来克服心理上的压力和不适应，以更好地为未来真正地进入社会做准备。

小松有了之前各种比赛的经验，在比赛过程中认识了不少人，也接触了俱乐部与帆船队的教练与队友，相对其他学生来说，有着更为丰富的社交经验。然而，这对于他未来的发展与初入社会进行实习实际上并没有太多的帮助。

小松并没有接受分配实习，而是自己找了一家游艇经营公司，进入了游艇帆船管理服务的岗位。这是更贴近小松现在生活状态的工作，也是他更加能够得心应手的工作岗位。但是在开始实习之前，小松却面临了另一个问题。他并没有上岗要求具备的"四小证"。在此之前，学校并没有安排学生统一进行证书的考取。为了考取"四小证"，小松一个假期都在用功读书，认真熟悉考试内容，生怕自己因为考不下"四小证"而无法下水，那当真是与自己的梦想只"一证之隔"。

在考试的前几天，小松有些紧张地找到我。看着他满脸愁容的样子，我不禁有些疑惑："你不是准备得很全面了吗？现在在担心什么？"小松脸上的表情更加紧绷："我怕考不过，那就不能下水了……"小松说着，双手紧紧地扭在一起。我拍了拍他的肩膀，微笑道："既然努力了，你就应该踏实了。努力永远不会让你失望的。"

小松仍是无法放松下来，有些焦急："如果没有办法下水，那我实习还有什么意义。"

我摇了摇头说："这不是一局定胜负的生死局。如果你这次没有考过，只能证明你还没有付出全部的努力，你还需要更努力。""你的梦想变了吗？"我看着小松的眼睛问道。

小松坚定地看着我，摇头："没有！"

"那就是了！梦想还在，你要做的就是不断地去努力。就算这一次失败了，你还会有机会的，不是吗？"我脸上的笑容加深，隐隐看到小松紧绷的神情似乎也放松了下来。

"未来的人生路上会有很多的考验，你不能保证每一次都是成功的，但是只要你努力了，你为了你的目标坚持了，那么总有一天你会成功。"我再次拍了拍小松的肩膀。

小松脸上渐渐露出了笑容，他点了点头，道："我明白了！我会努力的！照着我的计划，继续去努力！"

经过这一次交谈，小松似乎不再紧张地去准备考试，而是更多地关注技能提升与未来实习的规划。虽然没有紧张备考，小松还是把"四小证"考了下来，成功地进入了他期待的岗位实习。

实习的生活与在学校的学习生活有着很大的差别，它不再是由老师主动教授与引导，更多的是需要自己去探索和适应。很显然，刚刚开始实习生活的小松并不能完全适应。他需要面对更多的陌生人，也需要面对各种突发事件。没有了老师和家长的维护，他需要用自己的能力独立地去解决问题，也需要对更多的人展现自己的能力，得到他人的信任。实习的生活比学校的生活忙碌，同时也存在太多不确定的因素。每一个经过实习阶段的学生，或多或少会遇到各种磕磕绊绊的事情。不仅是要面对不适应的生活节奏与陌生的环境，更多的是需要面对个别并不十分友善的"社会人"。

经过两个月的实习，不少学生提前回到了学校，一边抱怨着实习生活的痛苦，一边编写着第一学期的实习报告。他们中有不少人似乎已经完全感受到了社会的严苛，打算退回到校园的小窝里舔舐伤口，再也不要去接触那可怕的陌生环境。

小松也在临近期末的时候回到了学校。经过短短几个月的实习，小松给人的感觉发生了很大的变化。他不再只关注自己在乎的那些事情，他会更多地关注到家长与老师的辛苦，也似乎看到了更多人为他做出的付出和努力。

小松的母亲与我电话联系过两次，透露出对小松实习后的转变有很大的意外和欣慰。他似乎更能体谅父母的辛苦，更能理解父母为自己操心的态度和目的，更有甚者，他会主动与父母谈及自己的未来与规划。

我再次将小松的母亲与小松请到了办公室，我感觉是时候为小松的未来发展进行又一次三方会谈了。

这一次的三方会谈，小松与他母亲之间的关系似乎融洽了许多，能深入地进行交流。我首先询问了小松关于这次实习的感受以及自己对于未来发展的想法。小松简单介绍了自己的实习生活，从他的只言片语中，能够听出他已经能够理解父母赚钱养家的不容易，也对于自己之前不能理解父母的苦心而感觉惭愧。这些话听得小松的母亲眼眶一阵发红。在对于自己未来究竟做何选择的问题上，小松坦白地说，自己目前还没有具体的想法，只希望能够做更贴近梦想的事情。我和小松的母亲对于他的想法表示理解，也表示支持，但同时希望他可以开始考虑和规划自己未来的发展方向，无论他选择升学、就业或者从事专业运动项目我们都会予以支持，并给予最大的帮助。

对于老师和家长的支持，小松似乎松了一口气。他坦言自己曾经担心家长或老师会对他的选择进行干预，甚至不同意他的决定。小松的母亲揽着小松的肩膀，眼泪已经流了下来，她表示小松的决定她一定会全力支持，人生是小松的，梦想也是他的，作为母亲能够做的就是全力以赴地支持。

看着母子两人的坦诚相对，作为老师既欣慰又感慨。对于学生的教育，老师与学校更多能够起到的是辅导与辅助的作用，实际影响作用较大的还是来自于家庭。所以家校合作的有效实施，才是教育学生最有效的方式。未来的教育路上，我也会遵循这个模式，以有效的家校合作方式，来达到学生教育与引导的最佳效果。

后记：

即将步入社会的学生往往会有恐慌与畏惧。在他们初入社会的时期，教师与家长的引导和帮助，是他们顺利过渡适应阶段、成功进入社会的重要辅助。如何通过家校合作，帮助学生快速适应社会生活并合理处理心理变化，通过与社会的初步接触了解自己的真实需求，以做出更加合理的个人发展规划，这是当下教师与家长首先要关注的问题。对于面临升学、就业双重选择的学生来说，如何选择更适合自己的发展道路，如何规划自己的未来是他们必须考虑的问题。这一阶段，教师应当充分发挥引导作用，帮助其排除干扰因素，明确内心的实际需求，以做出正确选择。

1. 了解自己，认清自己。因为年龄、心智、社会阅历等多方面因素，学生对于自己的认知不明确、不清晰、不具体，往往表现为以下两种情况：一是盲目自信、好高骛远，对于自己评价过高，此类学生在与社会的碰撞中往往会遭受挫折，面对巨大反差一蹶不振；二是对于自己的定位偏低，过分自卑，胆怯畏难，不自信，这类学生通常不能将自己的真实水平展现出来，大材小用甚至不用，实属可惜。因此，作为教师应该帮助学生正确地了解自己、认清自己，指导学生客观地对自己进行分析评价，依据自身能力进行定位。此外，要鼓励学生努力尝试、敢于尝试。

2. 做学生的"引航员"。实习时，学生第一次真正以职业人的身份接触到了社会，部分同学会更加认可自己的所学，能够明确自己目前的差距以及需要努力的方向，在职业发展规划中更加努力，在自己向往的事业中做得更好。但同时也有相当一部分学生发现现实与理想脱节，对自己的目标产生怀疑，迷茫无助,甚至会陷入无尽的焦虑之中。此时,教师和家长就要做好引导与辅助工作,让学生认真倾听自己的心声:我适合什么?我喜欢什么?什么才是我的路?不做这个我更适合做什么?其次,在学生的不断尝试中教师和家长也要为其掌舵、把脉,多给建议,做好相关指导,帮助学生找到最适合自己的发展道路。同时,教师与家长应当重视培养学生适应社会的心理素质,帮助他们构建正确的价值体系,以健康积极的心态面对激烈的社会竞争和重重考验。

梦想一旦被付诸行动,就会变得神圣!

仰望星空,路在脚下

第三学年下学期,经过近半年的实习生活,同学们对于社会环境与工作环境也有了初步的了解,许多学生已经开始为自己未来的出路做准备。有人选择继续充实自己,继续求学之路,也有人在实习的过程中找到了自己喜欢的岗位。不同的学生会根据自身的实际情况做出更符合自己期望与未来发展的选择。

对于学生来说,毕业时的抉择往往关乎一生的发展,老师在这个时候所能做的工作,除了导正学生错误的想法之外,更多的就是要帮助他们坚定信念,相信自己的选择,大步迈向全新的人生阶段。而小松是这项工作中更需要注意的对象,经过两年多的转化,小松已经逐步成为一个积极面对生活、追求梦想的人,在这最后抉择的关键时刻,对小松更是不能忽略。

自从上一次与小松和他母亲进行了三方会谈后,我在学校里见到小松的机会变得更少了。和他母亲通了几次电话,了解到他最近都在很认真地进行实习,不放过任何在实习岗位学习的机会,我感到很是欣慰。无论他未来做出什么样的选择,珍惜当下每一个学习的机会,未来他都会受益无穷。

这一次是小松主动找到我,想要听一听我对他未来规划的一些想法。小松告诉我,实习主管领导对于他的表现也很满意,给了他很多学习实际技能的机会。但是,他始终觉得自己在专业上缺乏了一些理论基础,只单纯从实际操作的角度，无法真正实现他对于岗位工作更深层次的理解和研究。

对于小松这样的想法，说心里话，我感到有些意外，但同时又非常感慨。小松的这种想法比其他同学具有更高的前瞻性，同时也更符合职业规划的需要。他将自身的不足与岗位的需要相对比，了解自己需要提升的方向，同时也对自己所从事的岗位有更深层次的看法，许多职场人都未必能够做到这一点。

小松还提及俱乐部希望他回去发挥自身的专业实力，成为专业运动员，继续在赛场上发光发热。但是对于是否重新回到赛场，小松分析过后便决定放弃这条道路。成为运动员、获得冠军是小松曾经的想法，对于自己努力的过程与结果他不曾有任何遗憾，这已经是对自己最好的回答。但他自认为无法始终保持高强度的比赛状态，也认为自己更希望从事倾向于专业性操作和研究的职业，所以继续以运动员的身份工作对于他来说并不是最佳的选择。他想要继续升学，学习更多的专业知识。他也有了自己的目标，期待能够在将来不仅自己征服大海，而且能帮助更多的人征服大海，因此，他希望能够成为一名帆船教练。但是他不会放弃竞技比赛，在自己能力所及的时候，他会更多地通过比赛锻炼自己，永远不忘记自己作为一名运动员的使命。

从小松的层层分析与讲述的过程中，我能清楚地感觉到他的这些答案都是经过深思熟虑后得出的，不是一时冲动，更不是因为畏缩而不敢前进。他有着专业运动员的拼搏精神，也有着社会新人的果敢动力，更有着一颗不断探究和发掘的心，这也就让他在这个关乎着未来发展方向的时刻有了比其他人更成熟的思考。

听小松诉说完自己的想法，我并没有马上提供自己的意见，只询问他是否已将自己的想法与家里人商量。小松搔了搔头，有些不好意思地笑了笑，道："家里人总说什么都支持我，我也想了很久，却还是不能下定决心，所以我想听听老师您的意见。"这一次面对小松，我感觉到他真正地成长了，不再是先前需要我不断引导和帮助的小孩子。此时，我觉得我们并不是师生，而是能够坦诚相对的朋友。我郑重地告诉小松："每个人都需要为自己的未来做好打算，别人的意见终究只是意见，只有自己做出的才是决定。""我赞同你对自己的定位与未来发展的想法，也希望你能够按照自己的思路踏实地走好接下来的每一步。

生活中的选择题，往往一步走出去就已经是十万八千里，所以每一步都需要谨慎而坚定。"我将手中的一本小册子递给小松，"记录下你自己的想法以及对未来的期望，时刻提醒自己在这个转折的时候做出的选择将关乎你一生"。

与小松交谈过后，我提醒他要将自己的想法与家人沟通，让他们了解自己正在发生的转变，也可以在必要的时候获得家人的帮助。

下学期开始不久，临近春考，小松结束了实习的工作，推掉了不必要的练习与比赛，大部分时间都在学校里认真复习，专心致志地备战春考。经过上一次的交流，小松更加明确了自己的职业规划。他与家人进行沟通，明确提出自己希望成为一名专业的帆船教练。对于小松的想法，家人表示会全力支持，并找到我，希望我可以帮助小松做完整的考前复习，我自然乐意。这一次，小松的态度比平时上课更加认真。

经过不懈努力，小松终于为自己交出了满意的答卷。运动员的身份为他报考专业课时提供了许多便利，让他顺利通过春考进入了本科院校。这也让小松距离自己的梦想更近了一步。

三年的转化，小松每个阶段的努力和进步我都看在眼里。在这个过程里，小松的独立思考能力越来越强，目标也越来越清晰，他选择了自己想要的并为之奋斗，最终取得了满意的结果。这一切都让身为老师的我深感欣慰，此后对于更多工作也更有信心！

后记：

毕业是一个学生角色转变的重要时刻。许多学生在临近毕业时陷入迷茫，甚至会因为不了解自己而做出并不符合自己实际需求的决定。这样的结果往往会影响一个人很长一段时间甚至一生。所以，如何帮助学生更好地度过毕业阶段，成功进行角色的转变，确定未来的发展方向，让他们能够充分地了解人生规划的意义，并从中获得足够的自主感与成长意识，是毕业班班主任需要深入思考与努力提升的课题。高中毕业对于许多学生来说，面临的不再只是进入哪所学校的考题，更多的是关于升学与就业的人生抉择。这道考题学生如何去答，在尊重学生意愿的基础上，需要教师与家长帮助他们去分析、评判，最终达到能够满足学生人生发展需求的最佳选择。

1. 高中毕业是职业生涯的真正起点。对于很多人来说，进入职场是职业生涯的开始，其实并不然。在一个学生高中毕业的时候，无论选择继续升学或是直接就业，都是他们职业生涯的开端。直接就业的学生在高中毕业后，即开始自己的职场生涯，可以说是真正意义上的就业。而那些选择继续升学的学生，往往面临的是专业的抉择，选择一个适合自己的专业，正是对于未来就业的第一次规划。学生在这一阶段所选择的专业，往往直接影响到他们未来就业的方向。大多数人所选择的专业最终会成为他们将来所从事的职业。所以在进行升学专业选择的时候，学生们其实已经开始了自己职业生涯的规划。这个规划或许并不详尽，但却已经代表了学生们对于自己未来发展方向的一种期待。如果学生在将来就业时，能够完全匹配现在的选择，则其会有更强烈的幸福感与成就感。

2. 自主意识的觉醒与人生规划。高中阶段的学生往往有着更为强烈的自我认知的需求，也能够更加全面地认识自己、了解自己。在这个时期，帮助学生进行职业规划，能够进一步帮助他们提升自我意识，获得自主感。

教师应当首先让学生明确的是：职业规划与人生规划是关乎学生未来发展的设计，这个设计与老师和家长并没有太大的关系，只关系到学生自己未来的发展与境遇。学生往往习惯了将做重大选择的责任交托给家长或是老师，自己只承担选择后的一部分责任。对于即将步入社会的学生来说，明确职业规划与人生规划只能是学生自己的事情，自己的未来不能靠别人来安排，这一点至关重要。高中阶段的学生对于职业生涯往往是一片迷茫，他们需要有人引导他们去探索去适应，教师与家长就应当充当这样的引路人的角色，这也是培养学生独立自主能力的重要契机。

教育的目的，是为年轻人的终身自修做准备！

小隋变形记

青岛华夏职业学校　孙春瑜

被呛着的"顺毛驴"

说起"顺毛驴",大家可能都知道什么意思,就是指那些喜欢听表扬和肯定,不喜欢被批评,凡事不爱考虑后果,处处按自己性子来的人。那么当一个"新手"班主任碰上"顺毛驴"学生,会发生怎样的故事呢?请大家听我慢慢讲来。

之前的我是在高校任教,2018 年通过招聘考试来到青岛华夏职业学校,于我而言最大的变化就是教育对象发生了变化,与学生相处交流的方式面临较大的调整和变化。正在我矛盾之时,学校领导的信任和通知一起到达,我被任命为 2018 级 10 班的班主任。面对这一光荣而艰巨的任务,从接到通知那一刻,我便时刻提醒自己要为迎接第一届"亲"学生做好忙碌的准备。

开学的前一天晚上,我用足了功夫,想在报到当天呈现给学生最好的第一面。当我走进教室时,看到了 37 张充满好奇且稚嫩的面庞,我一气呵成地完成了新学期的第一次班会,希望同学们都能尽快熟悉新的环境,记住我刚刚强调的新生学前教育细节。此时的我并没有注意到在班级最后排落座的小隋。

紧张而忙碌的学前教育阶段开始了,同学们都能较快适应新的环境,在推选住校男生负责人时，我看到了性格外向的小隋，他在整个军训期间都能以较高标准要求自己，并在最后的学前教育阶段被评选为宿舍优秀标兵，我们皆大欢喜地结束了军训，同时他给我留下了不错的印象，我对他也寄予了厚望。

经过短暂的修整，新的学期开始了。学校的校规校纪、德育管理制度对于日常比较散漫的学生而言，真的是一大约束。为了加强班级管理，我开始尝试使用在军训期间表现良好的同学暂时担任和负责班级的一部分工作，小隋当然也在其中。但是不干不知道，一干却出乎意料。我一个"新手"班主任的眼光果然是有问题的。在让小隋负责住校男生同学的日常管理和汇报工作时，他不但没有达到我预期的要求，还自己带头犯错误，让我一气之下、一不小心和这头"顺毛驴"正式对立了起来。

学校规定住校生是要上晚自习的，下午放学后吃饭前，住校生有段自由活动的时间，小隋爱好打篮球，这时的他一般都驰骋在篮球场上。有一天，我安排卫生委员让住校生在下午放学后承担一项卫生清扫任务，希望他们可以顺利完成。在我看来，目的明确、责任清晰、任务简单，肯定不会有什么问题。但恰恰是不会出问题的这个环节，小隋却意外地冒出了头。我正在开班主任会，卫生委员就电话告知我，小隋不但不服从卫生清扫任务，还继续在球场打球，并且出言不逊，骂骂咧咧……我得知此消息后，在会后第一时间冲到了教室，因为是在晚自习前，所有同学已经都回班级休息准备自习。我看到满脸大汗的小隋，二话不说就叫他到办公室。小隋一脸不服气，回怼我："我不去！"我被激怒了，甩了一句："那我打电话给你爸爸，看这个事怎么处理！"

可能是听到了我要打电话找家长，特别是他爸爸（事后知道他跟父亲的关系比较紧张），他紧跟在我后面，来到了办公室的门口，但是却不进门。我十分气愤地拨通了小隋爸爸的电话，把事情的经过大概一讲，表达了小隋不尊敬老师和不团结同学的表现以及我对他达不到我预期要求的失望……没想到得到的却是小隋父亲的一通吃喝，让我通知小隋回家，这么惹事不要上学了！我一头雾水地挂了电话，看到门口满脸委屈、眼泪打转的小隋，气也不打一处来。

看到沟通无效，我就让小隋先回班上自习，回家的路上我把事情整个经过捋了一遍，找到了两个疑点：一是小隋为什么不配合班级的管理？我在刚才的沟通里没有找到答案。二是他父亲接到老师的电话为什么是这个反应和回答？他的家庭关系到底是什么样的？带着这两个问题我在第二天找到小隋，此时的他情绪已经平复了，但是对我依然没有好脸色。我先是大道理讲一堆，极力表达他行为的不合理，又问他不配合的原因。此时的他也不再愿意跟我解释，在他心里，我根本不配知道他的秘密，他一言不发，等待我唠叨结束。最后我问他要说什么，他说想请假去找初中班主任聊一聊，我有一种被排斥的感觉，特别不好，但是没有想过这是一个刚入学、没有接纳新班级学生的本能表现，所以我的挫败感更为强烈地阻碍了我的理性思考。

经过这件事之后，我对小隋的印象有了转变，发现这个学生不是我当初想象的样子，紧跟着后面的事实也印证了这点。在一次放学的时候，由于他与班级同学言语不合，发生了冲突，他竟然紧紧拽着同学校服的领子，把对方逼到门框上进行威胁，对方同学吓坏了，班委赶紧向我汇报了情况。加上上次事件的不了了之，我这个新手在处理这种突发事情时，经验不足的缺点暴露无遗。我把小隋叫到办公室，此时的小隋也难掩气愤，眼眸低垂，一副爱咋咋地的样子。我看到这种情形，火已经拱到嗓子眼，便质问他什么情况，入校第一天就说过在校不可以动手打架，这是不能触碰的底线问题，为什么还对自己班级同学动手。任凭我大声训斥，他无动于衷。我见状，便电话通知他父母来校沟通。不一会儿，他的爸爸妈妈出现在了我办公室里。我平复心情，让小隋回班上课，与他们沟通孩子的成长过程和经历。在聊天中，我发现小隋的父亲脾气也异常火爆，在听到我说到孩子的一些表现时，便压抑不住情绪。我慢慢明白，小隋的性情和脾气跟父亲的教育有直接的关系。从妈妈的表达中，我了解到小隋性情率真、性格活泼但是适应能力较弱，喜欢听表扬，是一个不折不扣的"顺毛驴"。听了妈妈的话，我对小隋的疑问也都解开了。反观我与他的沟通过程，发现自己竟然没有沉下心来了解小隋情绪的来源、事情的原委，只是沉浸在自己的情绪中，自以为是地认为小隋的行为是故意为之，对我的情绪和抵触也是挑衅我的一种表现。

经过思考，我与小隋的爸爸商议，孩子已经长大，现在有了独立思考的能力和被尊重的欲望，以后跟孩子沟通的时候尽量控制自己的情绪，避免对孩子言语呵斥和情绪冲动，小隋的爸爸随即表示尽量配合，我也表达了在不了解学生的脾气秉性的基础上简单处理问题的歉意，就这样，在较为和谐的气氛中结束了此次谈话。

事后我找到小隋，向他诚挚地道歉，希望他可以原谅我这个新手的无经验之举。可能是没有预料到我会主动找他道歉，小隋当时就表示是自己有错在先，应该他先道歉，满脸写着不好意思和不知所措。我知道了他的犟脾气，他也了解了我是"小白"，第一个学期的相处中，我们约法三章，遇到冲突和矛盾，一定先强制自己冷静，情绪平复之后再做事、再做决定、再评论。但是一贯率真的"顺毛驴"小隋，能否在今后的学习中克制自己的脾气，而我这个新班主任，又能否迅速成长，摸准学生的脾气性格，有的放矢地引导他们的成长呢？期待下学期快点到来吧！

后记：

"顺毛驴"学生每个老师都碰到过，而那些脾气暴躁的"顺毛驴"学生在外在环境的刺激下，自己也控制不住自己，会在不合时宜的时候再次发作。作为班主任，只有摸准这些学生的脾气秉性，才能在班级管理和学生个人成长的路上采取适当的措施。从第一个学期小隋的表现，我反思了以下几点。

1. 新手老班认为强调过的注意事项学生都是可以领会到并且做好，这是一个天真的错误认知。作为未成年人，适应新的学习环境，本身会有一个过渡阶段，每个学生的适应速度也是不同的。新班主任要有一定心理预期，把重要的事项适时提醒、反复强调。

2. 与学生建立的第一印象只供参考，未必就是事实真相。班主任是新手，对学生的认知缺乏经验，容易先入为主，如果学生此时拼命表现，容易造成我在案例中对小隋过高期望的定位偏差。当然也会出现另外一种情况，班主任疏于观察，而学生在新环境下不敢表现，造成老师对学生"一般般"的第一印象。要对所有学生抱有期待，期待他们在各自擅长的领域爆发"小宇宙"，带给我们惊喜。

3. 中职学生在理解力、组织协调能力、自律性等方面都不太理想，加上班干部都是"新手",没有工作经验,在班级成立的第一个学期组织班级事务时,班主任需要手把手地培养班干部,定期召开班委会议,反思前期工作不足,告知各种注意事项,帮助班干部积累经验。这样,班干部们在成长后可以独当一面,在后期班级管理方面才会成为班主任的左膀右臂。

4. 动辄搬动父母是学生极易反感的事情。在非必要的情况下,不要随意联系学生父母介入,因为学生父母在处理学生的问题上未必是你的帮手。有些情况下,父母的介入还会让你处于被动的状态,在事情最后的收尾阶段还要多出一方需要答复。当然,作为学生的监护人,父母是有知情权的,需要父母知道的事项必须要告知学生父母,并且和父母达成配合的状态。

5. 当事情发展偏离预期时要及时反思并寻找问题点。在我与小隋矛盾的处理过程中,明显出现疑问时我及时进行反思,发现问题,有针对性地解决矛盾,不至于让自己过于被动。

6. 对于"顺毛驴"学生思想工作的切入点很关键,如果不能走入内心,一切都是徒劳。千篇一律的唠叨式说服教育只会起到反作用,要结合具体学生的实际情况,放低姿态,这个时候"特殊手段"或许会起到不错的效果。

第一学期的带班过程对于我来说既惊险刺激,又收获满满,希望各位同仁能在起步阶段规避我的错误,在处理相关问题上更顺畅。

一个韭菜盒子

经过短暂的寒假生活,终于迎来了开学。说实话,一个月没见,我还挺想念这帮小伙伴的,也攒了一肚子的话想跟他们唠唠。开学第一天,一大早我就来到了教室,想看看同学们是不是能适应新学期的节奏,顺便查查出勤情况。

虽然已经是春天,但是依然不是很温暖。教室里关门闭户的,我刚一推门,一股浓烈的韭菜盒子味道迎面扑来,我皱着眉头不自觉地说了一句:"哎呀!"一边说,一边放下包,环视教室四周,看看同学们早自习前都在忙碌什么。

看到我走进来，同学们都慢慢停止了说笑，收拾手中的事务，准备进入早自习阶段。面对这么有"有诱惑力"的味道，本来想来和同学们寒暄几句的台词，在打完招呼后立马更改了："同学们，再重申一下，在教室吃早饭本来就不合适，还把这么有'影响力'的早饭带到教室，着实不应该！"

同学们默不做声，没有回应，不远处的小隋从自己位子上站起来，慢悠悠地去前面交手机（学校规定手机需要每天上交，学生在校不能带手机），一边走一边嘴巴里大声嘟囔："高××，以后你再吃韭菜就去厕所吃完再回来！"教室里比较安静，他的言语所有人都听到了，面对这么刺耳的话，教室里更安静了，同学们都等着看我的反应。"小隋，说话注意方式方法！"我想着找个台阶给他下，这事就这么结束了，没想到小隋直接回了我一句："我让他去厕所吃怎么了？"话语中明显带着强烈的火药味，如果这时我与其理论起来，只会针尖对麦芒！交完手机走回座位的路上，他被我拦住，我说："先去教室门口等我，一会儿咱俩单独聊。"这时早自习的铃声响起，同学们开始上自习，我简单说了几句，便出门来到小隋身边，面对面看着这个长得比我都高的男生，气不打一处来。

由于小隋出来冷静的时间比较短，依然气鼓鼓的，没等我开口，就直言："老师，今天就算到教育局，我都敢说让他去厕所吃完再回来！你就说，这个事儿是不是他先做错了，他做错的事怎么不能让人说，你还让我出来冷静，凭什么！"一听这样的语气，我猜测小隋在事前肯定也是有负面情绪的，究竟是为什么事，我还不清楚，但至少他不是有意针对老师，我气消了一半。他的气还没泄完，我说还有什么要说的，都说出来。他一股脑地把他的"理儿"都说了出来，我不争辩、不插话，把话语权留给他。

等他说得差不多了，我微笑地看着他说："事虽不是因你而起，但是你的情绪确实需要冷静吧？你想主持正义，是不是我们的言行要考虑场合，表达要注意措词，这种有攻击性的语言在公开场合很明显是不适合的，你的正义也站不住脚。老师知道你不是故意的，事前情绪肯定就不佳，是不是又没有控制住自己的情绪，借事发挥啦？说说这一开学是什么事气就不顺了？"他也意识到自己的情绪失控、措词失当，没好气地说："没事！"

我见状推测没有大事，估计是开学的很多习惯和假期不同，加上又是住校生，从家里舒适的空间里出来，一时很难适应，情绪不佳才有这一出。随后我让他回班，事后找同学道歉言和。

回到班级后，针对今天早晨发生的事，我在班级内约法三章：

1.天气寒冷，但是同学们要克服自身的懒惰，早起床、早吃饭，切不可把饭带到教室吃，不仅影响他人，也拉低自身形象。

2.有些不适合在公共场合吃、气味比较大的食物不要带到学校，这点希望同学们自觉，不影响他人，否则扣除相应德育学分。

3.新学期同学们都年长了一岁，说话要注意方式方法，表达要做到合情、合理、合适，以高标准的言行来处理人际关系。

这件事过后，我也做了比较深刻的反思。在情绪自我管理方面，我面对学生的不当行为，还是会抑制不住内心的急脾气，"新手"班主任虽然已经认识到学生的沟通需要技巧和艺术，但是遇到实际情况，还是会急于解决问题，忽略方式方法。这一点需要慢慢磨炼自己的心性，掌握情绪管理的技巧。在学生的情绪管理方面，我有了更加深刻的认识——学生对情绪管理要有明显改观，不仅需要掌握技巧方法，更是一个漫长的阶段。对于小隋的表现，我对他还是着急了。学生的脾气秉性、修养性格需要调试，不得急于求成，要更加关注细节和引导鼓励。

之后的这一个学期，情绪管理失控的例子在小隋身上时有发生，例如运动会男子4×100米的比赛中，小隋因为外道运动员的不当操作致使我班成绩无缘前三，他没有听从我运动会前的劝告——有事找班主任协商，而是怒气冲天地找裁判。又如在学期末考试结束前不提前与我联系拿回手机，延迟回家时间，第一时间又选择骂骂咧咧……虽然这一学期小隋的急脾气还是会时不时发作，但是作为班主任的我已经摸着他的脉络，能针对不同情形找到引导他的方法，并在事后告诉他情绪管理的方法。值得肯定的是，小隋也在一次次的沟通中认识到自己情绪失控的问题，慢慢开始承认并想要改正自己的处事方式和调试脾气性格，这是我这一学期在小隋身上看到的巨大进步！

后记:

一方面,作为班主任,我在这学期面对学生的突然情绪崩溃,能冷静处理,掌握节奏和主动权,这是巨大的进步;另一方面,虽然学生没有在情绪管理上有较大的改观,但是他能慢慢认识到自己的问题,并主动想要改正和调整,这就是一个好的信号,并且也让我对以后充满信心和期待。反思以下几点。

1. 杜威的现代教育理念中提到,教育即生活、成长和经验改造。班主任要充分了解并利用学生在课下的表现发挥教育的引导作用。同时,学生很多"计划"的小火苗往往会在课下不经意的瞬间被班主任察觉到,对班级管理有预防之功效。

2. 在遇到班级的突发情况时,班主任要做好情绪管理。在很多种班级讲话场合中,因为大部分学生的行为都是符合要求的,所以班主任以比较严肃的训斥的口吻开始,学生们会持有较为排斥的心理,沟通效果会大打折扣。在班级讲活中,要注意肯定学生的正面行为,让学生接受你的观点,再有艺术地表达其中的不足,如果确实有同学的行为较为严重,可以单独沟通。

3. 面对在公开场合顶撞老师的同学,要注意控制情绪、理性处理,不应为了显示老师的权威和公理,立刻现身说法地理论和说教,学生在负面情绪的带动下,极有可能会加剧冲突,不利于达到教育目的。这种情况下适合给学生冷静缓冲时间,并单独与其沟通,不适宜在多人面前处理,否则事情发展容易失控,并且局面无法挽回。

4. 情绪产生的时间非常的短暂,甚至在几毫秒之间,它在极端高涨的时候会改变人的认知,并且情绪不是单一出现的,往往交替或者混合出现,一开始可能只是愤怒,接而转变成厌恶或慢慢延伸成一种否定性情绪。接下来学生会继续沉浸在愤怒的情绪中,因此认知和表达都是有偏差的。

5. 学生在急于表达的关口,我们要学会沉默,发挥沉默的力量。要把话语权留给学生,这样做既让学生有了表达想法的空间,让我们可以了解到学生的想法,找准对策"下药",同时也可以导出学生的负面情绪,对后续的沟通奠定基础,有些价值观比较正的学生在自我陈述的时候就能理顺思路,把自己说通了。

6.学生在自觉不光彩的事面前，会留存一分倔强，老师要注意保护学生的自尊心，在学生不愿意分享的事面前，不点破、不说透，点到为止、保持距离，学生才会有安全感和自尊心。

7.发生事情则解决事情、剖析事情，教给学生应该做的标准和方法，这样学生再遇到此类情况时会知道自己该如何做。不能一味地强调红线，而不给绿灯和方向。

8.我们认为公共场合应该遵守的准则和要求，某些学生会不自觉地随意破坏，所以针对有些学生可能出现的行为，班主任应该想在前面、强调在前，预防为主，可以有效避免此类事情。

带范儿的"文艺兵"

相信大家都熟知著名教育家陶行知的四颗糖的故事，这个故事告诉我们，每个学生都有可爱的一面，老师们要有一双善于发现的眼睛，捕捉学生身上的闪光点。你是不是已经猜到了我接下来要讲什么了？没错，就是小隋身上的闪光点——唱歌！

这还得从音乐课开始说起。根据学校课程设置，本学期班级开设了音乐课，在音乐黄老师的发掘和鼓励下，小隋同学先是加入了学校的合唱团，经过短期的训练便参加了市级和省级的比赛，均取得了不错的成绩，学校公众号也都对其进行了跟踪报道，我将每一次的链接都转发到学生群、家长群以及朋友圈，多维度地肯定小隋的这一喜人成绩！

这件事让小隋慢慢变得自信起来，在班级里开始愿意表现自己，只是有时候会收不住……一天在校园里碰到了数学老师，我主动询问起班级同学近期数学课上的表现，其中问到了小隋的情况，心里抱有一丝幻想，猜想着小隋会不会有主动学习数学的举动，因为之前小隋数学基础比较差，课上通常是犯困状态。结果，数学老师反映说："小隋现在上课还真是不睡觉了，但是总喜欢说话，有时候还回头交流，甚至扰乱课堂秩序。"我听完表达感谢后回到办公室，就开始思考如何找小隋聊聊。

刚好接到学校要举行艺术节的通知，我灵光一闪，拍手说道："就这么办！"就在接下来的一次班会课后，我约小隋来到办公室。"小隋，快请进！下个月学校要举办艺术节，作为班级的'文艺兵'，你可得冲在前面！怎么样，有什么打算吗？"听到我充满期待的话语，小隋有点得意地回答道："老师，我觉得班级的合唱比赛这个项目，我们可以通过班委一起来组织排练，其他个人的单项比赛，我可以参加个人演唱比赛。别的不敢说，这个人演唱比赛，拿个一等奖没问题！"我听后放下手里的水杯，开心地说："听到你这么说，我觉得咱班今年艺术节前三有戏！"随后我话风一转，说："你的演唱水平确实得到了大家的认可！"小隋听着微笑点头。"但是，一个发光的人是各个角度都闪亮的，老师希望你把这种自信也运用到其他方面，无论是学习、生活、纪律、友谊等，都能把这份自信表现出来。你可千万别说老师我不行。古希腊有位著名演说家叫戴蒙斯·赛因斯，他原先患有严重的口吃，呼吸严重、声音微弱，在他生活的那个时代，希腊非常崇尚雄辩术，他立志要当一名雄辩家，并相信自己能成功。于是他刻苦训练，把石头含在嘴里练，把自己关在地下室练，虚心向名人学习，他通过艰苦的努力，最终成了雄辩之父。当然啦，老师不是让你在嘴里放石头练唱歌，而是希望你现在以优秀的标准来要求自己，一口很难吃个胖子，咱们先从纪律开始，可以吗？"我一边说一边看小隋的反应，他嘴角的笑容慢慢消失，认真地思考着我的话，眼睛不再看我。

我停顿了两分钟，又说："纪律嘛，二年级了，学校的规章制度你已经门儿清了，关键在于——对！自律。其实，也没那么难，从现在开始，首先要做到不能扣德育学分，一个周之后咱再来看看你能不能做到，可以吗？"小隋本来想推辞什么，但是好像也找不到借口，只好硬着头皮答应了。但是我心里知道，既然他答应了，就一定会做到！

时间过得很快，一周后他主动找到我，汇报一周的情况。虽然表现没有想象中那么完美，但是除了一次作业上交不及时外（彩绘课一直是他的弱势专业课），他真的做到了一周都没有违反学校的纪律规范，相较于之前的表现，我还是忍不住给他点了赞，并追问他的感受如何。小隋思考片刻回答我："老师，其实也没那么难，就刚开始，会忍不住想要在课上说话，课下有时候想偷懒，不交作业……但是我一想着在您这儿我说过要做到，所以每次坚持一下就过来了，我也没想到自己可以做到！"看着小隋一边说一边喜于言表的状态，作为班主任的我想的是接下来给他的任务。

"既然这次你没有做到百分百地完成任务，那老师就再给你一次机会，在接下来一个月的时间里，继续完成不扣德育学分的目标，并且在这次艺术节中尽可能地发挥自己的专长，挣更多的德育加分，怎么样？""一个月？"虽然是质疑声，但是小隋笑着大声比画一定能行，我们很愉快地结束了这次谈话。

在接下来的艺术节中，个人演唱赛中小隋一举夺冠，并被推选参加艺术节汇报演出。学校的艺术节汇报演出作为艺术节的结束仪式，每年都会隆重地在剧院举行，全校师生也都会去现场观看。汇报演出当天，安排好学生入座之后，我拿到节目单就开始寻找小隋节目的出场顺序，并把节目单发送到学生群和家长群中。出场时的小隋，一身帅气西装闪亮登场，气氛瞬间点燃，一开口唱歌便赢得了台下阵阵掌声，同学们纷纷拿出手机，跟随节奏一起互动。在同学们的鼓励之下，小隋更加自信地放声高歌，把演出推向了高潮。

演出结束，同学们仍意犹未尽。在散场时我碰到了数学老师，她看到我兴奋地说："你班的小隋唱歌真好听，在舞台上太有范儿了，一瞬间我都觉得在看明星的演唱会。"作为班主任的我也有如此感受。看到学生的成长，我内心是如此欣喜和快乐。

一个月后学期结束，小隋不仅完成了我们之前达成的约定，而且在艺术节中也是收获颇丰——人气、表演经历、自信，更因为突出表现加了德育学分。

后记：

本学期通过发掘和放大小隋的闪光点，发生了一系列故事，我们从中看到了自信对于学生成长的关键意义。良言一句三冬暖，在教育中，我们既要看到学生的缺点，更要善于发现学生的优点，学会肯定赞美和赏识学生，使学生在肯定和赏识中变得越来越好。

1. 通过适当鼓励，使其个性特长得到充分发展。有时候老师一个赞许的目光、一句欣赏的话语，对学生来说，都是促使其进步的强大动力，每个学生都想把自己好的一面展现给老师，而老师的赏识，正是每个渴望进步的学生重新找回自信并迈向成功的起点。

2. 学生的闪光点被放大后的反映会根据学生的性格、行为方式等各方面的因素而呈现出不同的形式，这就好比一把双刃剑，像小隋这样的直爽性格，在内心积压了许久的自信心，被激发后容易控制不住火候，甚至自信变自负，需要老师适度引导，激发其在其他方面的主观能动性。

3. 自信能够充分激发一个人的潜能，有自信心的人，既不会自卑，也不会自负，能正确认识自己，再恰当地评价自己的知识能力、品德性格等内在因素的前提下，相信自己各方面都有可取之处，能弥补某些的不足。老师要充分利用学生的自信心来引导学生向更好的方向发展，挖掘和发挥学生其他方面的能力。

4. 自律说起来简单，对学生而言也不陌生，行动起来则需要毅力，没有意志力的支撑，自律只是一纸空文，所以意志力也是非常重要的。而锻炼学生毅力并不是什么千难万险的苦差事，它只需要学生的一点行动力。作为班主任，应该鼓励学生积极行动起来，脚踏实地地见证自律所带来的改变。

5. 制定学生能做到的目标，由简入繁，让学生在完成任务的时候感受到成就感、价值感，班主任再对学生进行客观肯定的评价，培养学生的自信心，从而发挥出自信的优势，引导学生健康发展。

6. 对学生的目标引导要注重连续性，在过程管理中，关注学生成长与改变的节点。通过关注、鼓励、引导，制定符合学生实际的阶段性发展目标，使学生切实感受到老师对其行为的认可，增强自信心。

我的"团长"我的"团"

进入二年级后，班级同学之间比较熟悉了，加上班级中半数以上是男生，近期经常出现男生在课上起哄说笑的情况（个别同学开玩笑，多数人哈哈笑），并且这种情况愈演愈烈。虽然我单独找过个别喜欢接话茬的同学谈话（这几个同学的原生家庭都不同程度地存在问题），也和班委商讨过解决方案，但是效果不明显，过几天那几个人就又活跃起来，没有从根本上解决问题。

一天课间操后，我找到小隋，询问他的近况以及有没有按照之前的约定遵守班级纪律。他开始还犹豫不知道怎么说，后来就不绕弯子了，"老师，我之前坚持得挺好的，课上也努力忍住不说话，但是有些人喜欢说笑话、开玩笑，你也知道我的性格，肯定就忍不住了……"

"感谢你这么直白地告诉我这些实际情况，你也看到了，集体纪律如果不好，班级中的个体都会受到影响，你是忍不住想说话了，有些同学是本来可以学习的，但受其他人影响不学了，影响成绩，这种情况很可怕，必须要管控起来。班级现在一直没有得力的纪律委员，老师觉得你有这个能力，要不要试试？"

听到我这么说，小隋直摆手，"老师，这个工作太得罪人了，况且之前班长也管过，这不是一两个人能管好的。"

他说完我没接话，而是陷入了思考。小隋以为拒绝我很尴尬，还在解释什么，但是我想的是既然一个人不能解决这个问题，那就一群人来解决。我问："小隋，纪律方面你可以管好自己吗？"

"老师，管其他人不行，管我自己可以！"

"那除了你自己，还能再管好谁呢？多加一个可以吗？"

"再加一个的话，也行！"

……

在与小隋的对话中我构思出解决班级纪律问题的初步方案。

班级挑选出 13 个"团长"（"团长"中包含班委以及纪律和学习各方面表现都不错的同学），班主任在与"团长"谈话时征求"团长"意见，商讨过方案可行性后，公布如下细则。

第一步：组队。

每个"团长"和同学们自由组队（因为是自由组队，成员之间关系较为密切，所以可为德育、学分利益共同体奠定基础），每个队伍成员最多三个人。

第二步：成团。

组队成功后，"团长"负责本团队内的班级纪律，本团队成员同学习、共进步，如果有一人违反纪律，团队成员都会被减扣德育学分。（德育学分是学校对学生进行日常管理的方式，要求每个学生在每学期修够一定学分才能达到毕业要求。）

方案在班级颁布后，没有引起大的骚动，前期与"团长"谈话后我已经通过他们向大家传达了此项规定，并限期表达异议。

小隋在这次"团长"制度中扮演了非常重要的角色，不仅参与了方案的制定，同时也扮演了"团长"一角，与他一同组队的是班级卫生委员"马大姐"。"马大姐"是一个非常自律、尽职尽责的班干部。作为班级的卫生委员，不仅需要每天督促和检查卫生的清扫、断电锁门，而且现在疫情当头，每天消毒通风、填写表格等工作也都是她来完成。小隋和她组队，我充满期待。

新规颁布就是向同学们释放了一个信号——班主任对班级纪律着手重点管理，但是接话茬这个习惯的形成不是单一因素，改变也不会是短期内可以立竿见影的，不出所料，新规试行的第一天，就有两个团被扣分。

规定颁布时大家都清楚规则，但实际扣分后，有人因为受队员牵连而负面情绪很大。（事先在与"团长"谈话时，我预见会出现这种情况，所以提前与"团长"分享了锦囊妙招）。"团长"在团队扣分、队员情绪不稳定时召开课间小会议鼓舞士气，切忌批评，在团队氛围、荣誉的带动下引导同学们注意自身言行，维护班级纪律。

小隋是一个荣誉感较强的学生，和"马大姐"组队后，偶尔也会忍不住违反纪律，但是"马大姐"是日常严格自律、表现优秀的同学，他作为团长不想拖别人后腿，很快会自我调整，在纪律方面有了很大改进。我也时常找到小隋，沟通工作过程中遇到的问题，在逐步完善制度的同时，也慢慢树立起小隋的责任感和自信心。小隋告诉我，从当上团长第一天他就很兴奋，特别想把这个事做好，但是发现克服自己不良习惯的过程不是想象的那么简单。经过自己的努力，现在他们团队的德育分数排名靠前，作为"团长"，他很有成就感。"马大姐"对他的影响也在慢慢发挥作用，小隋开始意识到自己各方面的表现如果比不上团员，会很不好意思，有点对不起"隋团长"这个称呼！

之后的一天，"马大姐"找我汇报工作时，主动说起她的"团长"，她感觉这一学期小隋的变化很大，从不熟到好友、从不学习到主动问问题、从遇事不关心到主动承担……从"马大姐"朴素的话语中我能感觉到他们团队的和谐、进步，也为小隋的成长感到高兴。

经过一段时间的运行，每周的"团长"例会上大家都能积极发言，纷纷把这一周各团队成员的一点一滴进步分享给我们听，慢慢地"团长"们也都觉得"团长"制度不仅仅要在纪律方面发挥作用，更应在学习、生活中产生效能。我就借机鼓励各位"团长"，发挥集体智慧，为完善"团长"制度共享自己的智慧，让我们期待着下一学期这一制度可以更好地发挥作用。

后记：

这一学期班级建立"团长"制度，其实是从另外一个维度任命班委管理班级事务。由于每个团队人员较少，"团长"的压力小、责任少、好上手，对"团长"的要求就降低很多。传统意义的班委都需要在班级事务中独当一面，对于很多自律能力较弱的学生来说很难有锻炼的机会，这种团长制度不仅可以加强学生的自律意识，也可以锻炼学生的管理能力，培养自信心和责任感，在以后的班级管理中更好地配合班主任和班委工作，助推班级进步发展。

从本学期的事例中可以反思以下几点。

1.问题没有改观说明解决对策"药不对症"，需要班主任尽快调整方案，不能听之任之，放任不管。班级管理问题一般会先从个案开始，慢慢形成的风气如果被带坏，大家都觉得这样开玩笑很不错，再纠正可就要费不止几倍的力气。另外，原生家庭对学生个体带来的影响短时间内很难有大的改观，需要长时间干预、引导和教育。

2. 班级管理各方面出现的问题，都会带有班级本身的独特性，因为教育对象是独一无二的，因而"他山之石"也仅仅是借鉴，还是要结合班级实际情况，尝试从与学生的交谈中寻找解决问题的突破口，这不失为一个良策。

3. 班级颁布一项新规定的时候，会有一部分人持异议，必须要把规定带来的利弊分析清楚，这样在方案实施过程中才会较为顺利，切不可以师之威强行为之，效果会适得其反。

4. 所谓"近朱者赤，近墨者黑"，不同层次的学生组队帮扶，可以互相督促、共同进步，榜样激励的方式对于引导和教育自律意识较弱的同学有很大的推动作用。

5. 班主任对于班级制定的新规要有一定预见性，设想实施过程中学生出现的各种情况，制定相应对策，这样可以按照班主任前期设定的轨道行进，不至于出现情况就慌乱，导致新规不了了之。

6. 班主任要学会信任、赏识学生，分析不同学生的优势，搭建各种平台，给学生发挥优势的机会，在一次次实践中让学生看到自身的价值，建立自信心，进而为培养责任感打下良好基础。

7. "隋团长"是一个称呼、一种信任、一份责任，这种责任感不是班主任告知、引导所能达到的效果，而是由内而外酝酿产生并会发酵变大进而产生其他连带反应的一把"利器"。

8. 所谓的"团长"制和以前的班级分组有着非常多的相似点，但是为什么产生的效果会差别很大？我分析原因有以下几点：一是称呼发生了变化，"团长"的称呼更时尚，也有些许军旅感，学生们对新鲜的事物有好奇心；二是团队人员较少，方便沟通事宜，"团长"发挥作用、见到效果、产生动能时间短，比较容易培养自信心和责任感，拓宽了"团长"人选的范围；三是"团长"人数多，形成竞争机制之后排名变化较大，能激发学生的潜力、调动积极性，从而全力争取团队的最优成绩。

橘子和面包

上一学期的"团长"制度在这学期发挥了更大的作用，不仅在纪律方面继续发力，更带动了班级学习氛围、主题班会召开、艺术节组织等事项中学生参与的积极性。"团长"们的存在感噌噌上升，面对新一年的班委换届选举，像小隋一样在"团长"制度中成长起来的同学跃跃欲试，当然小隋也不例外。

在班委换届前的一天，小隋找到我，把他的想法说给我听。

"老师，这次班委换届，我打算试试！"

"怎么试？说说看？"

"我已经有一个学期的'团长'工作经验，而且我们的德育成绩一直不错，这次班委换届是个机会，我想争取体育委员这个职务，我体育方面不错，觉得有竞选优势，您看呢？"

"不错呀，连竞选优势都想好啦！老师要表扬你三点：一是你主动找我沟通想法，听取老师建议，跟你之前的犟脾气可形成强烈对比，进步很大；二是懂得抓住机会继续努力，没有止步不前、沾沾自喜，值得点赞；三是不打无准备之仗，认真思考分析之后做的选择，很棒！"

"那老师你也觉得我可以竞选体育委员一职了？"

"体育委员确实很适合你，能发挥你的优势，但是你有没有想过，现在的体委干得不错，同学们也都非常喜欢和支持他，你闯出来竞选，支持率一定会高过他吗？"

说到这儿，小隋一时语塞，不知说什么。

"想听我的建议吗？"

小隋认真地点头，期待我给支高招！

"老师觉得这次班委换届竞选是一次不错的机会，不仅可以锻炼你的能力，同时还能在同学们面前正式亮相。竞选的职位不仅要结合自身实际情况，也要分析班级参与竞选同学的优劣势。这次的图书管理员是新增的职位，以前一直是生活委员兼任，现在单独列出来供竞选，你不考虑吗？"

"图书管理员？这个职位挺没劲的吧，也没有挑战性，我……"

我看出了小隋的心思，在他看来这个不是高招儿，而是不愿意接的招儿。"老师也有老师的理由，你不妨听听以后自己再决定：一是这是第一次竞岗图书管理员，之前兼任的班委没有专任这个工作，竞选的压力比较小；二是现在疫情当下，图书管理员工作任务非常艰巨，需要以班级为单位借书，并且做好图书的管理、记录、消毒、借还等，任务非常艰巨，与每一位同学都息息相关，并且对接班级之外的部门，沟通和协调能力会得到很大提高和锻炼；三是班委之间的岗位调整需要你具备多方面的能力，腹有诗书气自华，以后无论提升哪一方面的能力都需要一定的文化知识，这个职位经常与书打交道，你是不是不自觉地也会被熏陶，养成爱看书的好习惯呢？"

听我这么说，小隋深深地点头，认同我的观点。

"你现在要做的就是把竞选的稿子好好准备一下，争取不错的表现。"

"好的，谢谢老师！老师再见！"

不出所料，经过认真准备，小隋顺利竞选班级图书管理员一职，成功上任。我通过各方面了解到，小隋工作积极性非常高，通过向前任图书管理员学习工作流程、入工作群、与团队成员"马大姐"借鉴同学沟通技巧等方式，班级的图书借阅工作顺利进入日常轨道，小隋也成为班委中的重要一员。

小隋从一开始让老师头疼、班委打怵，到现在成为认真负责的班干部，成长为我的得力干将，进步的一点一滴我都看在眼里，感到欣慰。

之后的一件事，也真的印证了小隋真的不是以前的小隋了。

那是一个艳阳高照的中午，我上完两节课后来不及吃饭，匆匆来到教室给同学们测量体温（疫情期间，根据学校要求，班主任老师必须每天中午完成对班级学生的体温测量工作）。刚好碰巧，同学们刚刚从机房下课，陆续回到教室，他们有的去洗手间，有的洗刷餐具，有的去抬饭，都很忙碌。等到他们一个个有序地到教室前面取餐时，我准备好体温枪，准备测温工作。正是这期间漫不经心的一瞥，我看到了一名住校同学在教室后面柜子前拨弄手机的场景。按照学校要求，住校生手机应该上交给班主任保管一周，也就是说手机应该在我办公室，怎么会在自己手里呢？

经过调查了解才知道，该学生因为想玩手机，就花钱买了模型机上交，把自己的手机留在手里。我单独找学生沟通教育后又在班级里强调了相关纪律问题，结束时已经接近午休时间。我拖着疲惫的身躯离开教室，小隋追出来，在电梯前，他从身后递给我一个面包，说："老师，现在餐厅没饭了，吃个面包吧，别生气！"没等我反应，他说完就跑回教室了。听到小隋暖心的话语，我又惊又喜，惊的是追出来安慰我的是他，喜的是小隋关心老师的暖人举动，现在我想起这个场景依然觉得心头一热。驱散我当时所有的不快、疲倦和饥饿，一个面包足矣！

几天后的一天中午，测温时我见同学们午餐饭后不是水果而是饼干，走到小隋桌子边测温时，我把自己午饭后的橘子放在他的桌子上，我笑着说，"补点维C！""谢谢老师！"他也开心地笑了。之后我在中午就经常给他们分享水果，看着他们抢着吃得那么开心，我也很高兴，这就是做老师的幸福吧！

后记：

这一学期虽然比较漫长，加上疫情管控工作繁多，但是每每想起小隋的变化，我都会有种自豪感。可能因经常与图书打交道，小隋现在爱看书了，特别是历史、文学方面的书籍，还经常跟我探讨一下最近看书的心得体会。他的各科成绩也在努力下有了起色，德育学分这学期不仅达到了学校的要求，还超出好几分，这在以前都是不敢想的事，我惊叹小隋的进步、感叹班委职务的力量。班干部这个大家都熟悉的角色，在一个后进生身上，可以充分挖掘学生潜力，带动全面发展。

由以上事宜反思如下。

1.老师要善于发现学生身上的闪光点，对于学生的点滴进步及时跟进表扬，给予肯定，学生内心是非常欣喜，并且会在今后放大这种闪光点，达到教育目的。

2.因为受到站位角度、思维方式、经验阅历以及事件当事人和旁观者等因素影响，学生不理解老师的决定很正常，老师要做的就是解释给学生听这样选择的理由和原因以及选择之后的后果，高三的学生与老师之间较为熟悉，彼此建立信任，坦诚沟通解决分歧。

3. 新晋班委需要一个适应期，不仅班委要尽快适应新节奏，班干部队伍也需要尽快磨合，配合完成任务。班主任老师在换届后的一段时期内需要关注班委的工作状态、心理变化、学习情况，待适应期过后会进入平稳阶段。

4. 在课下休息时间里，跟班观察学生的言行一定会有"意外"收获。步入高三的学生，与班主任之间建立了信任，关系融洽，因此处理违纪问题也要注意方式方法，建议单独沟通，注意措词，保护自尊心，由内而外地让学生认识问题的所在。

5. 在处理班级问题后老师内心经常也经常有负能量，需要班主任正确排解内心的情绪，重回"满血"状态。此时学生的一点关心、问候可以驱散内心不快，但是不能完全依靠或者要求学生在班主任情绪低落时表示关心、表达敬意，需要班主任提升情绪管理能力，进行自我调整。

我的未来我做主

这一学期临近毕业，但是同学们依然没有紧迫感，他们的学籍是"3+2"，升学压力较小。可是对于未来两年后大专毕业的职业发展与规划问题，现在来看已经不早了。

面对突如其来的新冠肺炎，全球经济下滑严重，很多行业面临转型，我国动漫领域虽然受到的冲击较小，但是就业前景不乐观、压力较大。在这种情况下，我多次联系专业老师，分析不同学生的优势特长，鼓励学生找到自我发展的路径，为将来就业打好基础，很多同学也都行动起来，小隋的行动我却有点没看懂。

在国内疫情管控得力的情况下，学校递交外出研学写生的申请经主管部门审批通过。可就在我整理家长意见的时候，发现了小隋那张不参加写生的家长信。我一时不明白原因，就找来小隋问清楚。

"小隋，你不参加写生吗？是不是粗心写错了？"

"老师，没错，就是不参加了！去年我也去了，知道外出写生主要是风景一类的作品，今年家里经济紧张，我在家也可以画，就不去了！"

"家里遇到什么事了吗？费用不够我可以帮你，外出研学有老师指导，有同学陪伴，氛围不一样，对提高绘画水平效果还是很明显的，你再考虑一下！"

"谢谢你老师，家里没什么事，我还是决定不去了！"

知道他没跟我说实话，但是又担心他家里是不是真的遇到了困难，我在犹豫中拨通了小隋妈妈的电话。"喂，小隋妈妈你好，我是班主任孙老师，小隋这次不参加外出研学写生您知道吧？是不是家里遇到了什么困难？"

"孙老师您好，家里在盖房子确实经济有点紧张，但是这个钱还是能出的，孩子跟我说去研学也不愿意画，就不想浪费钱，我拗不过他，怎么办？"

了解到小隋不是因为经济原因拒绝外出研学，我就更加好奇，想知道他这葫芦里卖的什么药！我通过班委、舍友、任课教师、父母等了解到近期小隋的表现，把各种信息碎片拼凑在一起，猜到了小隋留在家里的用意！

其实小隋很早就开始规划他的职业发展之路了。速写和彩绘都不是他的强项，因为需要有绘画的扎实功底，小隋自我剖析后发现自己没有优势，进而也失去了兴趣，所以他拒绝参加这次写生，这是理由之一。他转而看向计算机线上模型制作，可以借助 3D 软件来绘制自己创作的人物模型，锻炼相关的技能，借助互联网的优势，在未来寻找相关工作岗位。

然而，选定这一发展方向他现在要做什么呢？

小隋在担任图书管理员后，积累了大量的历史和文学知识，一次与同学聊天时说起要大力弘扬传统文化，他灵机一动，想着可以通过自己的专业技能，把历史故事通过 3D 编辑创作出来，剪辑成动画的方式放在网上，形成自己的作品集。这样既锻炼了专业能力，又积攒了粉丝数量，刚好和时下流行的 UP 主很像！

由于小隋是住校生，在校时每周只有专业课时间可以到机房创作作品，还得先完成老师当天布置的任务。所以他的时间非常有限，对于已经构思了很久的他来说需要一个集中自由支配的时间来实现积压在内心的小梦想。

在外出研学之前的一天，我找到小隋。

"怎么样？内心激动吗？"

"老师，你知道了？"

"嗯，还打算瞒着我吗？这次谈话，看是你能说服我，还是我说服你呢？你先开始吧！"

"老师，请原谅我没有跟你说实话，我怕说了实际情况会不允许，这是难得的一次机会，我近期可以有连续自由支配的时间。我仔细考虑过，这一个周，我写生可以完成十幅作品，我已经联系了徐老师，她会把景色拍给我，我在家完成！每天把作品拍照发给她在线修改，提高我的绘画能力！但是在家剩余的时间，我可以用来制作视频作品，我已经都构思好了，迫不及待想要动手了，这种感觉你能理解吗，老师？你不是说过，有梦想就要勇敢地去追，一刻也不要耽搁！"

我承认当时的情境下我被说动了！从学生个人职业发展的角度，小隋说的句句在理。但我又一想，这是学校集体的研学活动，小隋拒绝参加，由此带来的一系列安全、防疫、学习、学分、班级管理等问题该怎么解决呢？作为班主任，我内心十分矛盾！

经过再三考虑，我决定尊重小隋的选择。前提是和小隋约法三章，签订协议书。每天由家长上报疫情、安全情况，按时上交作业，并争取至少有三幅精品画作入选校园展览，做好计划表，按照计划学习，不能熬夜赶进度，更不能懒散虚度时间。

我们形成协议后，签字上报学校，争取领导同意，小隋如愿留在了家里。

在我们外出研学的一个周里，小隋不仅在互联网某平台创建了自己的账号，并且连续做了三期视频，短时间内就引来不少粉丝的关注和点击。小隋受到了鼓励，下决心要继续把这个视频做下去。回来后我惊呼意外，肯定了小隋的成绩，点赞他的努力，但是也帮助他分析可能会出现的困难和遇到的"瓶颈"，让他对未来的发展有挫折预期，启发他可以拓宽展现形式，不断丰富平台内容。

随着小隋的不断努力，他的3D建模水平和能力有了很大提高，作品受到了网友的欢迎和点赞，不少同学都想加入他的团队跟着他一起做。在老师们的指导和帮助下，他成立了自己的小团队，并在学校申请了工作电脑，可以在没课时去创作作品。

在学期末，我安排了一次主题班会，让小隋分享自己在寻找、规划职业发展过程中的经验，他也非常实在地把自己的经历分享给大家听，最后他强调了一点："我的未来我做主，我们一定要意识到未来的路是要靠自己闯出来的，不要总想着依靠父母，不要后悔已经来不及，从现在开始行动起来，成为理想中的自己！"小隋的话很有力，深深地烙进了同学们的心里。

毕业前夕的一天，我和同事走在校园里，迎面走来小隋和几个同学，他们主动停下问好，走过去之后，我骄傲地说："这就是我班的小隋，你还认识吗？"同事问："这是小隋吗？天呐，变化太大，真的认不出来啦！"我笑了，是作为老师骄傲的笑容。

后记:

学生短暂的三年时光一晃而过，现在回首往事仿佛就在眼前，学生们成长的一点一滴都是班主任骄傲的成绩单。但是班主任不仅仅要为学生的这三年保驾护航，也应该考虑未来学生的职业发展，职高的学生既要学好专业知识和技能，还要为更好地衔接社会岗位做好各方面的准备，这就需要班主任有计划、有针对性地引导，更好地成就学生的明天！

1.学校虽然开设了"职业生涯规划"这门课程，在高一就开始引导职业学校学生规划发展之路，但是学生对专业不熟悉，对就业前景认识不够清楚，自身积极性没有调动起来，没有规划意识，加上家长、老师及周围环境等因素都没有督促学生快快行动起来，学生容易拖拉到高三实习期或者毕业后再思考职业发展问题。

2.通常家长对于这个年龄段的孩子干预能力有限，学生已经成年，对事情有自己的见解和看法，面对唠叨式的劝说会有排斥心理。因此家长可能会反映学生的一些真实情况，但班主任不要寄希望于家长改变学生。

3.学生的性格不能从根本上改变，特殊情况下会有反复，班主任要结合实际情况，具体分析学生的言谈举止，不能武断地下结论。

4.学校为学生提供专业提升的最好条件，但是学生发展也是具有个性特点的。教育要以人为本，以学生为本，正所谓因材施教，就是要尊重学生的个性特点和需要。当共性和个性出现矛盾时，如何抉择需要班主任权衡实际因素，做出有利于学生发展的选项，而不是所有选择都是以共性为依据。

5.互联网时代新兴岗位层出不穷，要求班主任老师不仅需要课下加强与学生沟通，了解学生关注的热点信息，同时还应拓宽知识面，了解专业的就业前景和与之相关联的产业。

风雨之后见彩虹

青岛高新职业学校　李兆斌

成长是一种美丽的疼痛

高鑫，一名性格活泼开朗、喜欢体育的男生。刚入校时他外向而又温和的性格让他很快成了有一定影响力和号召力的"人物"，大家都以青岛高新职业学校的简称"高新"来称呼他，常听到同学调侃："高鑫你在自家上学，吃饭还用花钱？""高鑫，学校是你家的，老师是不是都得听你的？"每每听到这样的话，他总是脸上笑开了花。他也给我留下了比较好的第一印象。

但事情的发展并不像我预料的那样。因为在初中时曾经担任过体育委员，又特别喜欢篮球、排球等运动，军训时他成为体育委员候选人之一，在培养和选拔过程中我发现，高鑫这名同学缺少一种全力以赴的拼搏求胜精神。比如带操时喊口令和口号经常给人一种随心所欲、有气无力、缺乏斗志的感觉，在我多次亲自示范指导他之后，仍然没有明显转变，为此他的体育委员之路也就不能继续了。本以为他会因此而感到沮丧，我留意观察却没有发现他有任何异样之处。

新生聚到一起难免会发生摩擦。一天，有几名同学动手打架，高鑫也参与了，而且还扬言他有好几十个兄弟，不服就约一架。学生打架是十万火急的事情，我第一时间赶到现场处理。

高鑫很快就承认了错误，态度也比较诚恳，参与打架是因为其中一个同学和他关系亲密，作为好兄弟他不能袖手旁观。由此我看到了在他身上有感情用事、不分是非对错的哥们义气。打架的后果是严肃的纪律处分，并且需要家长到校配合解决问题。

他的妈妈热情质朴、心直口快，而且声音洪亮，有着男人一样的豪爽劲，感觉很好沟通。他妈妈很坦诚地告诉我，他们是再婚家庭，自己虽然是继母，但是对孩子很用心，要求很严格。她认为，离婚是大人之间的事情，不想让孩子受到太多的影响，而且家里还有一个小儿子，这是高鑫同父异母的弟弟，一家人平时相处比较融洽。因为有强烈的责任心，她对孩子特别关心，孩子也信任她，更愿意听自己的话，所以有事都是母子沟通更多，需要家长出面解决问题的时候也总是自己冲在前头。

而他的父亲则是少言寡语、不善言谈的男人，不太懂得怎样教育孩子，也不会坐下来倾听，和孩子谈心，很多时候父子俩会激烈争执，往往父亲说不过儿子就要和儿子动手。

关于高鑫，上初中时学习成绩还算可以，性格活泼开朗，体育方面很好，很讨老师喜欢，后来贪玩，喜欢玩手机游戏，喜欢和同学四处玩耍，中考时学习成绩就下来了。他们一起玩耍的同学很多，因为他讲义气，常常为同学打抱不平，号召力很强。

了解了高鑫的家庭背景及初中表现后，我确定了对学生、对父母的谈话思路。

对于高鑫，因为他重义气，容易感情用事，我就从"情"字入手，首先跟他谈感恩：现在的家庭没有因为父亲的再婚而冷落你，相反，你的继母对你很关心、很用心，她不但尽到了母亲的责任，还为了这个新家庭付出了更多。你的父亲虽然不会讲大道理，但是他也是为这个家扛起了自己的责任，两个儿子都是他的心头肉，而你作为长子，他希望你更懂事，早日明白自己的责任。

其次，亲情之外还有友情。作为同学，因为大家一起求学和成长，所以产生了同学情谊。以前相处很好的兄弟，就是一起上小学、上初中大家才成为好朋友的。而现在的同学，你们要一起经历中职三年和高职两年，五年的朝夕相处，你们的同学友谊也会深厚无比，所以人不但有老朋友，还要不断结识和交往新朋友的。

第三，法律是公正无私的，做什么事就要承担什么后果。法律面前人人平等，法律保护每一个人的权益，不管是为了谁，侵害了别人的权益都要受到法律相应的制裁。

通过这些谈话，高鑫的眼神里流露出了后悔。高鑫表示，他在家里也会主动做家务，帮助家长做一些力所能及的事情。比如家长忙的时候，他会在家做好饭并照顾好小弟弟。我赞赏地问：一个男孩子会做饭很了不起，你会做什么菜呢？他谦虚地回答说只会做一个菜。我开玩笑地说，那就好好练，等学会了四个菜老师去你家家访，顺便尝尝你的手艺，他有些害羞地答应了。我想，老师主动示好也许能让学生逐渐放下戒备，拉近心的距离。

教育是家校合育的结果。我给高鑫的父母也提出了一些建议。

一是要慎重处理家庭亲子关系，让两个孩子多在一起做事，不要让高鑫有"我是个外人，是这个家庭的累赘"的感觉。即便是和孩子出现争吵也不能说出过头的话，因为孩子的内心会受到很大的伤害，他会觉得自己是无家可归的被人抛弃的孤儿，无处安身。

二是父亲要学会倾听，平常要放下父亲的权威，试着像朋友一样心平气和地和孩子聊天，了解孩子的思想活动，尊重孩子的独立和成长，这样孩子才会从内心佩服自己的父亲，才会主动向父亲求教、学习。

在家长的大力配合下，打架的事情很快就顺利解决了，但是我知道，高鑫这个孩子的成长还有很多路要走，他在学校可能还会做出一些意想不到的违纪行为，而这也意味着还有很多工作等着我去做，我必须在平日里多用心，一有机会就给予关心和理解，早日走进他的内心，得到他的认可和信任，这样才能有效地转变高鑫的求学态度和思想观念。

后记：

作为班主任要想把班级带好，必须要打造班级凝聚力，若能走入每一个学生的内心世界，了解其性格特点和成长需求，帮助其找到努力的方向，那必将取得事半功倍的效果。通过这个案例，我认为在学生教育过程中可以采取以下办法。

1. 学生是教育的主体，老师要做的事情是因材施教。深入了解学生是非常必要的，可以根据学生的特点有针对性地开展思想工作，这一点可以通过与学生谈心、经常与家长电话沟通交流、找合适的机会开展家访等方式来完成。

2. 与家长密切联系，形成教育合力。很多中职学生的家长，自认为孩子不愿学习，也不听话，家长已经管不了了，上学不求能学多好，只要不出大事就行了。这种心态会产生很大的负面影响，孩子从父母那里得不到认可、肯定和帮助，就会失去目标、失去信心、失去动力。因此我们需要说服家长，要对孩子多关心、多鼓励、多欣赏，这样不但会让学生感受到家庭温暖，还会提高学生的学习积极性。

3. 教育是一个过程，需要老师有爱心、耐心和包容心，学生经历过、反思过，提高思想认识才会完成蜕变，破茧成蝶。很多学生因为曾经受到过太多的批评，往往会对老师抱有戒备之心。老师要做学生的良师益友，就必须表现出亦师亦友的样子。课上认真教书育人，课下多与学生互动交流，让学生从心底接纳、信任老师，这样就能建设一个团结、温暖、积极上进的班集体。

教师需要把握学生成长规律，密切关注学生，适度关怀帮助，真诚以待，这样才能结出累累硕果！

懵懂青春期，潜心求学时

经过一个学期的学习，学生早已适应了新的学习环境，熟悉了学校的管理制度和模式，特别是期末学校艺术节各项活动给了他们很多自我表现的机会，丰富了他们的校园生活，也增加了不同年级、不同专业学生之间的接触交流，让他们结交了很多新朋友。

高鑫在上学期参加了秋季运动会、排球比赛、校园十佳歌手比赛、乐器比赛，在活动中表现积极、成绩优秀，很快成为全校小有名气的人物，自然也得到了很多女生的青睐。新的学期教室门口开始频繁出现女生的身影，引得学生经常兴奋地起哄，时间久了就有些消息传到了我的耳朵里。

我私下找到高鑫，询问他是不是有关系密切的女同学，他笑着回答我："老师，我没有交往女朋友，我和别的班级的很多男同学、女同学都是正常朋友关系，因为我参加了很多活动，这给了我抛头露面的机会，所以别的班级的同学都愿意和我交朋友。"

我嘱咐他："你们现在年龄还小，异性之间相互有好感也是正常的，但是一定要正常交往，保持适当距离，不要做出与年龄和身份不适宜的事情。"

"老师，我知道了，我和他们都是普通朋友，不会做出什么出格的事情的。我以后跟那些朋友说一声，不要总来教室找我，免得给咱班添麻烦。"他跟我说起话来总是笑容满面、一脸轻松，态度很诚恳。

5月初，校园春季趣味运动会在同学们的期盼中如期开展，拔河比赛、跳大绳、疯狂"毛毛虫"、同舟共济、"众心捧月"等活动颇受同学们的欢迎。高鑫在这些活动中积极组织安排，带领全班同学取得了优异的成绩。能够在学校组织的各种活动中大显身手，高鑫特别开心，甚是春风得意，我也是颇感欣慰。

然而新的问题还是出现了。有一天早上刚到学校，服装班的杨老师就来找我，说高鑫晚自习时间到她班找一位女同学，因为出言不逊和班里的男生发生了争吵，后来又留了纸条进行恐吓，不准班里男同学和那个女生有过多的交往，否则就准备遭受皮肉之苦！

我心里一紧："平常嘱咐够多了，还是要出问题！"十五六岁正是争强好胜的年纪，为了所谓的"女朋友"真的会一时冲动而找人打群架的。我赶紧来到教室，早自习特别安静，教室也打扫得特别干净，也许学生早就预感到会有什么事情，都乖乖地坐在座位上等着我训话。我看到高鑫低头坐在那里，漫无目的地翻着语文书，并不抬头看我，他也许知道这次闯了大祸，我这关肯定是躲不过去了。

我把高鑫带到谈话室，直接开门见山地问他发生了什么事。

"老师，其实并没有发生什么事。昨天晚自习我去找服装班的女同学说件事，恰好那个同学不在，她班男生见我去找自己班女同学，就说一些难听的话，说不让我和他班的任何女同学交往，不准到他们教室，影响他们班级管理。我很生气，就和他们吵了几句。"

"后来呢？"我问道。

"后来我越想越生气，我又没做对不起他们班同学的事，他凭什么不让我和他班同学交往？更何况大家交朋友是自愿的，他没权利干涉我的自由，也没权利干涉其他同学的自由！所以就找人打听了服装班挑头的男生，写了张纸条警告他不要多管闲事。我就是吓唬一下他，并没有想真的找人去打他，没想到他就告诉老师了。"说到这里，他仍然有些愤愤不平。

"我明白了，事情经过大致就是昨天晚自习你去找服装班女同学，结果她班男生想把你轰走，不准你与这名女生交往，你为此很生气，就留纸条吓唬那些男生，对吗？那你有没有想过这种行为很不合适？"了解了事情发生的来龙去脉，我跟高鑫重点交流了以下几点。

首先，恐吓威胁和打架不仅违反校规校纪，更是一种违法行为。无论遇到什么事情，一定要理性处理，否则既不能解决问题，还会造成严重后果。

其次，你们这个年龄，愿意和喜欢的女同学在一起玩耍，这是很正常的事。但是毕竟年龄还小，还不是追求爱情的时候，所以交往时必须要保持距离，不能做一些不文明的违反校规校纪的事情。

第三，要理性面对纠纷，不要意气用事。一个优秀的女生会有很多男生喜欢，一个优秀的男生同样会有很多女生喜欢，大家都可以成为好朋友。谁也不是别人的专有财产，有些同学因为别的男生和自己喜欢的女生来往就争风吃醋甚至大打出手，这都是不理智的错误行为。

第四，人的审美意识随着年龄和知识的增长会逐渐提升，男生、女生现在还处于生长发育期，身体还没有成年，性格也还没有定型，心理也不够成熟，并不能够像成年人那样承担社会责任、家庭责任。因此我们现在要做的是努力让自己变得更加优秀，俗话说物以类聚、人以群分，自己变得有多优秀，将来交往的朋友就会是和你一样优秀的人。

第五，不忘初心，牢记使命。我们当初来上学，目的是什么？我们要认识自身优缺点，努力学习专业知识和技能，不断提升自身综合素养，为将来毕业踏入社会，成为一名优秀的专业技术人才甚至是成长为大国工匠打好基础。如果我们把注意力放在了争强好胜、花前月下方面，岂不是浪费了大好时光，辜负了青春年华？

听到这里，高鑫对我的分析和劝导欣然接受："老师，我认识到自己的错误了，我一会儿就去服装班找同学认错道歉、请求原谅，同时我也会注意和女同学交往时保持适度距离，把精力用到学习上，争取提高学习成绩。"说到做到，他很快就去服装班找到老师和同学，诚恳道歉，把事情圆满解决了。

后记：

1. 青春期更要加强职业规划教育。通过高鑫这件事，我意识到学生到了喜欢异性的年龄，需要加强引导，否则可能会陷入感情的泥潭，影响生活而荒废学业。为此我专门开展了一堂主题班会课，主要目的就是把学生的注意力从渴望与异性亲密交往转移到为实现个人职业生涯规划而努力的学习中来。通过主题班会，我带领学生加强了自我认知、环境认知和职业认知。

自我认知就是让学生真实地评估自己，以此来确定个人成长目标。高估自己容易狂妄自大，确定的目标过高难以实现；而低估自己则容易产生自卑心理，认为自己能力低，各方面都比别人差，遇事畏缩不前，没有责任感和担当，愈发失去自信。

环境认知是要求学生理性地判断社会对人才的需求、学校的培养方向和层次、家庭经济状况、社会关系和家长对孩子成长的预期以及所能提供的帮助。

职业认知是要让学生了解所学专业应掌握的专业知识和技能，将来可选择的工作岗位和发展潜力，职业道德要求，行业发展趋势等。

2. 青春期学生需要老师更用心地关注和呵护。青春期是学生成长必经的阶段，要让学生把精力用在专业学习和职业发展规划上，需要根据学生青春期时的心理特征和需求，开展青春期教育、情感教育和性教育，特别是要针对女生开展自尊、自爱等思想教育，增强其自我保护意识。要了解家长对孩子的态度，家庭温暖的缺失容易使学生在异性交往时寻求情感安慰。

因此学校要尽力为学生创造优越的学习环境和条件，老师要努力营造良好的学习氛围，家长要给予孩子足够的关心与爱护，社会要为毕业生提供适宜的职业发展平台，这样就一定能够引导学生潜心学习，在职业生涯规划的引领下，铺就职业发展的成功之路。

作为一名教育工作者，我们既要肩负起教师的责任，还要学会借力于学校、家庭和社会，并把这些因素有机融合起来，发挥出最大的作用，这一切说易行难、任重道远，事业尚未成功，我们仍要努力！

一念之差酿大错，亡羊补牢犹未晚

2019 年 9 月，初秋的阳光仍延续着盛夏的炎热，远处间歇的蝉鸣声似乎是在表达对暑假的恋恋不舍。伴随着新一届学生的报到，2018 级学生变成了他们的学哥学姐，作为高二学生，他们行有度、情合宜，热情大方、自信专注，在新生面前他们褪去了去年的稚嫩，略显成熟风范。

第三个学期在学生悄无声息的成长中开始了。经过了一学年的历练，高鑫延续了上学期的良好状态，积极参加班级活动、团结同学，充满青春气息的脸上洋溢着快乐和自信。

本学期有一项大活动，按照学校预定计划，期中考试结束后，我们高二所有班级要外出研学，主要是参观游览孟良崮大战纪念馆、台儿庄古城、曲阜尼山圣境和孔庙。通过研学追寻红色足迹，厚植家国情怀，传承文化根脉，绽放青春梦想。

这是一项影响力很大的活动，全校师生和家长都非常重视，整个活动需要做大量的准备工作。鉴于高鑫的能力和表现，我把这项工作的协助任务安排给了作为副班长的他。他很高兴我把这么光荣而艰巨的任务交给他，我跟他说："这是信任，也是考验，你一定要担起责任，不能辜负全班同学、家长、老师对你的信任。"我们一起制订了详细的计划，包括前期准备、行程中的注意事项、参观游览时的注意事项、用餐注意事项、住宿注意事项等。我们对全班同学进行分组，实行组长负责制，四个组长分别由班长、团支书、副班长、体育委员四名班干部担任，负责各组整个研学过程中的组织和安全，并以小组为单位交流研学感悟和收获，研学活动结束后根据各组表现评选研学明星小组。

在组织和准备过程中，我又特意找四个组长开会，要求他们做出承诺，严格履行职责，落实班级要求，坚决杜绝研学期间出现抽烟、喝酒、争吵、打架等有损学校声誉和形象的不文明行为，争取班级在研学活动中取得优异表现，为本学期荣获先进班集体奠定基础。

期中考试结束后，学校举行了隆重的研学开班仪式，全校 18 个班级浩浩荡荡地出发了。按照既定方案，我们当天顺利到达目的地并参观了孟良崮大战纪念馆，晚上游览了台儿庄古城。学生特别兴奋，高速路上欢歌笑语、气氛热烈，参观时端庄肃穆、秩序井然，就餐时安静有序、礼貌谦让，游览时三五成群、结伴而行，交流心得时积极主动、争相发言。

第一天的行程快乐充实，我对学生们的表现感到非常满意，让组长负责落实学生按照规定时间休息，禁止组织任何其他活动，保证第二天有充沛的体力、精力。

晚上 12 点之后，我和值班老师一起查看学生就寝情况，走到高鑫所在的宿舍，听到里面有很多人说话的声音。敲开门，眼前的一幕令我非常吃惊和尴尬，高鑫带着他们小组的所有成员正围在一起打牌喝酒，还有个别学生在抽烟，看得出气氛比较热烈。我的突然出现让学生也很诧异，个个姿势僵硬，在那里低头不语。

"老师，你们还没休息啊！"毕竟是组长，尽管心虚，高鑫还是赔着笑脸跟我打招呼。

"高鑫，你们这是怎么回事？"我一脸严肃地说。

"老师，今天研学很顺利，收获也很大，之前的交流还有些不尽兴，所以我们想进一步交流交流。"

"高鑫，你是组长，竟然带头违反研学纪律，犯这么严重的错误，还这样轻描淡写地强辩理由，还不知错？其他同学马上各回房间睡觉，高鑫你到我房间来，我们单独谈谈。"

做了那么多的准备工作，严肃强调了研学纪律，结果研学第一天的就寝就出了这么大的问题，我内心十分恼怒和失望。

意识到自己捅了大篓子，高鑫小心在跟我身后："老师，您别生气，我错了，这事是我不好，是我私下里让同学们从家里带了扑克和啤酒，想趁机搞个小组聚会放松一下，担心被值班老师查到，我们特意选择在半夜以后才聚的，就当是小组团建活动。我忘记了研学的重大责任，我负最主要的责任，对不起老师，我辜负了你的信任。您惩罚我吧！"

"高鑫，学校组织集体研学活动，这么重要的事情我交给你负责，首先是对你工作能力的信任，也是对你的锻炼，这么好的机会，你弄成这个样子，实在不像话！今天这事儿你回去好好反省，先把这几天的任务顺利完成，等研学结束了我们回学校再处理。"考虑到研学活动还有三天才能结束，我决定先安抚他们，等活动结束后再严肃处理。

"老师，您放心，这几天我一定把我们组各方面带好，保证不会再出任何问题了。"

第二天我对全体学生重申了纪律和要求，并再次召开组长特别会议，强调责任和分工，确保万无一失。

研学活动圆满结束，我紧绷的心也放松下来。回到学校第二天，高鑫找我承认错误并交给我三份材料，我仔细一看，是一份检讨书、一份辞职书和一份申请书。他在检讨书里很诚恳地承认了自己的错误：把学校重大集体活动当成儿戏，思想上认识不够，觉悟不高，愿意接受惩罚和处分。辞职书里则提到学校有规定，严重违反学校纪律的，没有资格继续担任班干部，因此主动提出辞职，给老师和同学们一个交代。申请书则提到了想去参加专业技能培训，因为不能继续担任班干部职务了，想把时间和精力用在提升专业技能上，如果能够参加比赛拿奖，还可以继续为班级和学校争光，将功补过。

检讨书、辞职书、申请书三份材料，在我手里沉甸甸的，能看得出来，这次研学的经历深深地触动了高鑫的内心，对于这次严重违纪，他是深刻反省、认真思考过的。同时我也意识到，高鑫的犯错也是对全班同学实施教育的良机：知错就改不嫌迟，亡羊补牢犹未晚。

后记：

1.关于高鑫违纪犯错的反思。由于高鑫在研学期间所犯的错误，让他失去了班干部职务，还受到了纪律处分，个人损失很大，这也反映出了我作为班主任存在工作不到位的地方。一是没有及时了解学生对于研学活动的想法，很多学生认为研学时搞聚会是一个很好的机会，大家带了好吃的好喝的一起玩耍交流，研学之旅会更丰富多彩。而我只是简单地用纪律去禁止学生做出这样的行为，效果很差。如果在之前我就组织学生分组搞团建活动，满足了学生开展特色活动的需求，他们也就不会迫切地在研学活动期间冒险犯错误了。二是过度信任高鑫，缺少对他工作的监督和检查，让他有了可乘之机。如果在出发之前对高鑫进行警示，让他打消组织本组同学活动的念头，并对所带物品进行适当检查，就能够阻止他们当天犯错误。

2.关于高鑫违纪后的处理。高鑫在研学结束后递交了检讨书、辞职书和申请书，我都批准了。做出这样的决定我主要考虑了以下的因素：一是纪律面前人人平等，犯了错误要认识错误并改正，还要承担后果，付出相应代价。二是即便他不辞职，作为班主任，我也要对他停职或免职处理，以体现制度管理，做到赏罚分明。三是高鑫提出申请参加技能大赛培训，这是引导他加强职业认知、提升职业素养、明确职业目标、树立职业理想的良机，应该给予支持和鼓励。这样既可以帮助他明确未来一段时间的奋斗目标，又能减轻违纪事件对他造成的挫败感，使其保持积极向上的健康心态。

3.高鑫参加技能培训后的表现。经过推荐和测试，高鑫顺利参加了汽车喷涂培训，每到训练时间，他都会积极地到达训练场地参加训练，态度非常认真，技能水平明显提高。大赛辅导老师对高鑫的表现感到很满意，他评价说："高鑫是个灵巧的人，他动作协调，我早就有意让他参加培训争取参赛获奖，但他坚持要优先做班干部，为班主任和同学们服务，这次他犯错就辞了职，对他来说也未必是坏事，'塞翁失马，焉知非福'啊！"

古人云，三百六十行行行出状元！是金子总会发光的。我想，对于职业教育，作为班主任还是要像园丁一样，关注每一名学生的成长，正确引导学生，加强三个认知，努力搭建成长平台，不断提升职业素养，学生也一定会成为职场精英！

无惧新冠，砥砺前行

2020年的春天，突如其来的新冠疫情严重影响了全国人民的生活，各行各业在春节后都延期开工开业，学校也都延期开学，华夏儿女全民动员、众志成城，投身到抗击疫情的伟大斗争中来，并最终取得防疫抗疫斗争的胜利。随着企业复工复产，我们学校也于五月中旬复校复课了。

经历了新冠疫情的考验，熬过了四个月的史上最漫长的寒假，学生对于再次回到学校上课显得特别兴奋，从来没有这么热切盼望假期赶紧结束从而复课上学。同学之间的关系也特别亲切，大家经常聚在一起诉说被封闭期间无所事事的煎熬。

"你们不知道，疫情期间因为很多地方需要设岗检查，崂山区招募了一批志愿者，我好不容易说服了我的父母，去帮我报上名，主要被分派在一些公园和景点处进行安全检查。"因为有了一份特殊的经历，高鑫显得特别兴奋，洪亮的话语声带着几分骄傲和炫耀，我从走廊经过的时候听得一清二楚。

我很吃惊：疫情这么严峻的时候，高鑫竟然积极报名去参加志愿者团队了？这得需要多大的勇气啊！另外，家长能放心吗？

带着疑问，我拨通了高鑫妈妈的电话。

"李老师，孩子真的去参加志愿者活动了，大概工作了一个月。其实我们刚开始是不同意的，在外执勤总是比在家里有风险的，但是孩子太要强，他还在为去年研学犯错误的事情后悔，想要积极表现，弥补自己的过失。他坚决不让我们告诉你，我们拗不过孩子，就给他报上名让他去了，带队的领导对他工作期间的表现很满意，表扬他认真负责、吃苦耐劳，听说在咱们学校上学，对咱们学校的教育工作也给予了高度评价！"听我问起志愿者的事，高鑫妈妈忙不迭在电话里给我解释。

听到这里我很感动，没想到高鑫在疫情严峻的时刻竟然有这么大的决心和勇气去参加志愿者活动，为保护社区平安做出了更多的贡献，这是多么高的觉悟啊！我扪心自问，如果这事发生在我身上，我会去吗？如果是我的孩子要去，我会同意吗？想到这里我犹豫了。我为我的犹豫感到很羞愧，因为这足以说明我在这件事情上的态度和觉悟不如高鑫，士别三月，真的要刮目相看啊！于是在班会课上，我对高鑫在假期的表现提出了表扬，也剖析了自己的思想认识，坦承在觉悟上我也需要向高鑫同学学习！

"老师，您这么谦虚，我都不好意思了。我能这么做也是得益于您这几个学期以来对我的培养和教诲！"高鑫诚恳的话得到了全班同学热烈的掌声！

开学后汽车专业技能比赛的培训紧锣密鼓地开始了，高鑫又专注地投入大赛训练中。他跟同学说，自己一定勤奋练习，要打败竞争对手进入决赛圈，最低要拿到市级比赛二等奖。

一天中午，有值勤学生向我报告说，午休时间到了，高鑫却一个人坐在运动场看台上发呆。"不应该呀，高鑫这时候应该在车间加班训练，怎么会一个人跑到运动场去了呢？"带着疑惑和担忧，我决定马上到运动场去看看。

远远地就看见在看台的边缘处有一名穿校服的同学，两手抱着头坐在那里。走近一看果然是高鑫，他见了我弱弱地喊了一声"老师"，情绪很低落的样子。

"高鑫，你怎么了？是不是遇到什么不顺心的事了？"

"老师，我努力了那么久，就为了能够参加技能比赛拿个奖，结果在确定参赛名单的时候我被淘汰了，老师把我放在了候补队员的名单上，不出意外我是没有机会参加决赛了，我的努力这不白费了吗？我还跟同学跟家长说要市级比赛二等奖，真是太丢脸了！"

"高鑫，有很多同学在参加训练，但是能够参加比赛的只有成绩最好的那几个，我们平日里努力训练，争取取得好成绩，争得荣誉，这是参加训练的同学都想要的结果。但是竞争是残酷的，只有优胜劣汰才会体现公平，才会选拔出高水平的人才。你虽然没有进入决赛名单，但是在训练中一样锻炼了自己，提升了专业技能水平，你的汗水没有白流。我知道你为了能够参加比赛付出了很大努力，但是人不可能事事都能如愿以偿，挫折是人生的必修课，我们要接受现实，要从失败中找原因，总结经验教训，越挫越勇，才能到达成功的彼岸。"我的一番劝说让高鑫的情绪逐渐平复下来。

"老师，候补队员一般是没有机会的，那我还要继续训练吗？我是不是应该找的别的事情做？"

"高鑫，我给你这样的建议：第一，回去继续训练，服从辅导老师的安排，做好陪练，你们这个项目若是比赛获了奖，功劳也是有你一份的。第二，有这样一句话：一切皆有可能！只要有一丝希望，就不要轻言放弃，因为机会总是留给有准备的人。如果你现在退出，万一需要你替补上场，你就彻底错过了。"

"老师，我想明白了，我回去继续认真训练，找出自身的不足，努力弥补，增加他们竞争的危机感，这样能促进我们共同提高。只要我们这个项目取得好成绩，就是我们这个团队的成功，我作为候补队员也是出了力的。"说到这里，高鑫的脸上重新恢复了往日乐观的笑容。

从此他又和以前一样，严格按照要求参加训练，以积极的心态和其他同学一起完成了备赛任务。

后记：

1. 新冠病毒是人类的梦魇，至今仍在严重危害着人类的生命安全。作为一名在读中职生，在防疫的严峻形势下，能够有勇气去参加志愿者活动，充分体现了高鑫高尚的思想觉悟、深厚的爱国情感和不畏艰险、勇于奉献的精神。这是学生学习的榜样，也是学校品德育人成果。

2. 参加大赛培训练可提升技能水平，选拔遭遇挫折从而领悟人生道理。社会的发展加剧了竞争，公平竞争、优胜劣汰是生存法则。因此培养公平竞争意识、提高学生的职业素养，令其胜不骄、败不馁，不轻言放弃，有助于提高学生的职业发展竞争力。

3.社会竞争的加剧促进了团队的协作，个人的成功离不开团队的支持，个人的能力是有限的，每个人要获得成功除了自己要付出更多的汗水，还要有一个密切合作的精英团队，因此在日常教学管理中培养学生的团队意识也是一项重要的教育内容。

闻道有先后，术业有专攻。老师不仅要传道授业解惑，还要做到与时俱进、终身学习，不断提升学识和修养，提高育人能力，做学生的良师益友，这样培养出更多青出于蓝而胜于蓝的栋梁之材！

放飞梦想，扬帆起航

疫情中的暑假特别短暂，转眼到了学生高三实习的阶段了。为使学生顺利接受角色转变，培养职业意识和职业精神，我在班级开展主题班会进行实习动员，让学生明确了实习任务和目的，学习了学校实习管理规定和实习安全管理办法以及实习违纪处分条例。9月初学校召开了企业招聘会，许多学生在家长的陪同下与企业双向选择，顺利签订了实习协议。

一、实习选择

我特意关注了一下高鑫的选择，他与另外两名同学选择了同一家企业——从事汽车美容的青岛某商贸实业有限公司。问及选择这家企业的原因，高鑫同学说出了自己的看法。

1.汽车美容前景好。"通过参加学校的技能培训，我了解到用户对汽车贴膜、打蜡、抛光、底盘装甲、车内外装饰等汽车美容养护的需求大增。"

2.选择汽车美容养护自身有优势。"我在学校通过参加技能培训，已经具有一定的基础，我可以利用这次实习的机会，继续学习和提高专业知识和技能水平，争取全面掌握技术，熟练应用，成为高水平技师。"

3.实习期间借机考察成立类似公司所需要的人员、设备、场地及资金投入和管理模式，为自己将来成立个人公司做准备。

听了高鑫这番话，我不由得暗中佩服：没想到这个学生在大事面前很有决断力，思路清晰、逻辑严密，想得这么周到！只要他能按照计划去做，实习期间的表现一定没问题了！果然，第一个月的实习很平稳，高鑫等三名同学在实习期间表现得中规中矩。

二、为校争光

国庆节前，我接到了高鑫的电话，原来是学校通知排球队队员进行集训，作为校队主力的他自然很受器重，但是集训和比赛会占用很多时间，会影响实习单位的工作。他感到很为难，因为他既想为学校争光，又不想耽误实习，给单位造成损失，所以打电话来想让我帮他拿个主意。

我跟学校和实习单位积极协调，最终确定高鑫可以请假按时参加训练和比赛，但是要取消每个月的休假日，看到这样的结果，高鑫非常满意，实习时努力工作，集训时认真专注，比赛时激情振奋，最终带领校队取得决赛阶段第五名的学校历史最好成绩，他本人获得优秀运动员称号。

三、实习初检

根据学校工作安排，我每月到实习单位检查学生实习表现，发现问题及时协调解决。为了看到学生最真实的实习表现，我通常进行"突袭"，不提前通知学生。因此每次当我出现在学生面前的时候，他们都很惊讶，有的学生甚至把我当成了顾客热情接待。

每次到高鑫所在公司检查实习，我都会看到一个熟悉而又忙碌的身影，一身红艳的工装，熟练地挥舞着手中的工具，汽车在他的手中焕然一新。待他忙完，转头看到我就站在不远处凝望着，他脸上一红，说："老师，您来了！我刚才只顾忙没有看到。"

我笑着答他："活干得有模有样，这么快就上手了，很不错！你师傅呢？"

"师傅忙别的去了，他说我技术没问题了，这里就交给我了！"他自豪地回答我，随后他带我去了人事经理办公室，就继续工作去了。

"这小伙子很勤快，干活儿很卖力，热情开朗，头脑灵活，学得很快，他师傅经常表扬他呢！我这次招聘选人很成功！"我还没张口，人事部李经理就给出了高度评价。

四、宿舍风波

通过几次实习检查，高鑫同学实习初期的优秀表现超出了我的预期，就在我以为实习工作会一直平稳地结束的时候，意外还是发生了。

一天中午，高鑫妈妈突然给我打电话说，实习单位对我班三名学生的实习安置做了调整，由市北店转到市南店去了，但是高鑫嫌宿舍条件不好，希望留在原来的店，不然就不干了。不一会儿，另外两位家长的电话也打过来了，提了相似的要求。

我马上联系了实习单位人事经理，了解了事情的经过，下班后一起去市南店实地查看了员工宿舍和工作场地。员工宿舍在一楼，铺了木地板，装有空调和 WIFI，缺点在于没有窗户，采光和通风不好，但旁边有卫生间和洗澡间，洗澡间有电热水器，住宿条件总的来说还可以。

我把宿舍情况拍了照片发给家长，并通知他们第二天带学生一起到实习单位来一起沟通。但是我低估了解决这一问题的难度，学生认为宿舍阴冷、不见光、不通风是不可接受的，要么回原来市北店工作，要么更换实习单位。家长们面面相觑，无奈地看着我。作为父母，他们也希望单位能给孩子一个满意的答复，如果住宿问题解决好了，不仅不用为健康问题担忧，更重要的是孩子们安心上班他们在家才能放心。

我知道要解决这个问题，高鑫是关键，如果高鑫工作做通了，另外两名学生的问题也就迎刃而解了。于是我把高鑫叫到外面单独谈话，主要给他分析了以下几点：一是新宿舍条件虽然不佳，但是符合实习协议的规定，若因此而停止实习，需要承担违约责任，还要受学校的纪律处分。二是若不服从本次工作调整，其他两名同学也不会留下，这样会给学校声誉带来很坏的影响。三是别的实习单位会了解你们离职的原因，必然不会接受你们，再安置实习会有很大难度。

高鑫沉默了一会儿，终于下定决心："老师，我想通了，实习就是学习和锻炼的，不是来享受的，既然这个行业基本上都是这样的待遇，那我们也必须得适应，不能总是做父母跟前长不大的孩子。其实实习单位待我们挺好的，不但给我们提供实习机会，还尽可能在工作和生活上照顾我们，本来以为会一直干下去的，我还在单位附近健身房办了一张会员年卡，现在这样我去锻炼身体就不方便了。不过老师您放心，我们一定在这里好好干下去，不给您添麻烦，也不给学校丢脸，那两名同学我去找他们说。"

一场风波就这样平息了。

五、升职

在高鑫的带动下，三名学生很快在新店安心工作了。实习进入第四个月末，又到了月度总结的时候了，这一次高鑫的自我总结材料有了不一样的地方。由于表现突出，他的岗位和职责有了新的变化，由原来的小组长升任为洗美部的班长了，负责接待、派工、记录、交车所有工作环节，这一点也得到了另外两名学生的证实。

我由衷地感叹，真的是功夫不负有心人，只要态度认真，学生的前途是很光明的，高鑫的表现就是同学们学习的榜样！

六、终结硕果

春节临近，学生本学期实习进入尾声，很多学生发微信朋友圈分享参加公司年会的喜悦。我再次到高鑫的实习单位"突袭"检查，远远地就看见他热火朝天地忙碌着，待他看到我出现在面前，开心地和我打招呼："老师，您又来看我们了？"问起他们公司年会的事，另外两名同学争着告诉我："老师，我们公司年会气氛很好，大家载歌载舞很热闹，高鑫还被公司评为了优秀实习生，在年会上获得领导表彰奖励并被邀请登台演讲了！"

听到同学的赞扬，他还是有些不好意思，谦虚地说："其实我也没有做什么太大的贡献，就是工作时更认真一些，标准更高一些，对客户更负责一些，努力让公司和客户都满意。领导的表扬让我更加意识到肩负的责任，不仅自己要带头把工作干好，还要带好我的团队，团结协作，为公司营造良好声誉！"

听了这番话，我觉得在我面前的已经不再是十七八岁的高中生，而是一名具有高度职业责任感的优秀成年员工！我深深感受到了他朴素的工装上散发出的职业素养和敬业精神，仿佛他不是我的学生，我也不是他的老师，我只是这店里的一名顾客。

"老师，这三年一路走来，我很感谢您对我的培养和帮助！从入校开始您就引导我去进行职业生涯规划，让我全面地去了解自我、了解环境、了解汽车产业，帮助我明确职业发展目标、提升职业素养，这一切让我受益良多！这几年我也犯过一些错误，经历过一些坎坷挫折，但是职业生涯规划就像一盏明灯，在黑暗中给我指明了方向！而您的关爱和鼓励也给了我信心和勇气，我准备实习结束后进一步学习深造，争取早日实现自己的职业理想，创造属于自己的成功和奇迹！"

高鑫一番肺腑之言，令我瞬间眼角湿热："高鑫，你很优秀，既然方向十分明确，那就努力加油吧！老师相信你，梦想一定会实现的！"

后记：

经过两年的教育培养，学生在德、智、体、美、劳各方面水平都有明显的提升，本学期学生进入实习，就像是一场实战演习，高鑫同学在实习期的表现无疑是优秀的，而以职业生涯规划为引领开展的职业教育是成功的。

1. 在选择实习单位这件事上反映了高鑫有清晰的职业认知、环境认知和自我认知，能够做出最有利于自我发展的正确选择。

2. 在学校需要的时候自己克服困难，带领排球队取得优异成绩，体现了他有很强的集体荣誉感和团队精神。

3. 在宿舍风波这件事上，高鑫在经过思想斗争后决定接受比原来差一些的宿舍条件，并带动另外两名同学安定下来，反映了高鑫同学有一定的大局观，责任感强，并具有一定的个人牺牲精神。

4.在实习单位表现优秀受到提拔和表扬，反映了高鑫职业素养的提升，职业意识、职业精神的培养也初见成效，成功实现了由学生到职场人角色的转换。

三年来，我采用了"双元耦合"班级管理模式，把职业生涯规划与班级建设相融合，取得了明显的效果。高鑫的个人成长之路，反映了这种教育管理模式的成功。今后我在班级管理中将继续将职业生涯规划与班级建设深度融合，让学生进入中职以后能够迅速明确学习发展目标，提高认知能力，提升职业素养，培养职业意识和精神，为将来踏入社会取得职业成功奠定坚实的基础！

苔米虽小，也有春天

青岛外事职业学校　毕建英

我与"健哥"

苏霍姆林斯基说过，我们应当了解学生的长处和弱点，理解他们的思想和内心感受，小心翼翼地去接触他们的心灵。

从教21年，我在班主任的岗位上笑过，哭过，迷惘过，也逃避过。遇见过太多性格迥异的学生，也见证了许多学生的成长经历，但真正让我体味到班主任工作真谛的，是那个人尽皆知的"健哥"。

新学期开学，我接到了新的任务：管理有着全校录取分数倒数第二名的旅游韩语班。

新生报到，教室里坐着全身"豹纹"浓妆的雯姐；黄发、热裤、露背的"珊姐"……当然，还有全身黑色、发型怪异的"健哥"。面对这些追求个性、十分爱装扮自己的学生们，我调整呼吸，走进教室，我清楚地知道，"健哥"将是我抓班的关键，必须要拿下。

以不变应万变。

按部就班地完成开学前工作的布置，在所有学生都离开以后我把"健哥"

留下"商量"改发型。对"健哥"来说，这是他第一次接触高中的班主任老师，或许也在盘算着要硬气到底，不能在第一回合败下阵来。但任他软磨硬泡、东拉西扯，我始终保持微笑、不发火、不提高音量……

两个小时以后，终究是我占了上风，他生气又无奈地说："你厉害，我剪，我剪就是了。"与"健哥"的第一次交手，小胜！

处惊不变，包容理解。

日子平静地过了两周，班里一切都很平静，没有想象中的浮躁，可能是新的环境大家还没有熟悉，并且对高中的课程还是有些期待。大家似乎都在观察，甚至"健哥"也不迟到、不旷课，作业全部及时完成。任课老师们连连夸我有办法，开学没多久就把班级管理得井然有序。然而只有我自己知道，我与"健哥"之间肯定会有"故事"。

果然，开学第三周周二的下午，班上有五个男生集体旷课了！整整一下午，五名男生都没有回到学校。在告知家长情况并确保联系到人后，我在气愤之余却隐隐又有一丝"兴奋"：这是挑战，也是机遇！

当天下午，我在班里保持沉默，对"旷课事件"不评论、不打听，让班级学生在与往日同样平静的状况下结束了一天的学习。或许让某些想要看热闹的同学失望了，但我认为，不应该在没了解事情的全貌之前就对学生公开批评，传递一些强制性的管理压力给大家；对犯错的学生，应该加以管束，但也不能一棍子打死。毕竟教育学生们成人成材才是我们的根本目的，一味地高压管束既落后又无用。

晚上回家后，我先给另外四个学生打电话，获得了意料之中的一致答案：天热，去游泳了！出乎他们意料的是，我没有跟家长抱怨，也没有长篇大论地对他们说教，只是表达了一下我担心他们安危的焦急心情，就挂上了电话。

下面，就该是我与"健哥"的第二次交锋了，我倒要见识一下这个"刺儿头"要如何跟我周旋。

在给"健哥"打电话之前，我故意间隔了几分钟，我知道，他一定也在了解"情况"。电话接通之后，我很快得到了这样的答案："下午我拉他们陪我去游泳了！"看来是想把责任一肩挑呀！我用同样关切的语气告诉他，只要他们安全回家，我就放心了。在我要挂电话的时候，他匆匆地说："我妈在，你不跟她说两句？""现在先不用，等找一个更好的机会吧！另外，你也好好反思一下自己这样做的对错，先这样吧！"

我的忍耐似乎让他很不理解，但我知道，在我没有走进他的心灵之前是无论如何不能轻易发火的，那样会导致更严重的师生对立，对我今后工作的开展有百害而无一利。"健哥"应该也是满肚子迷糊，其实这正是我想要的效果：反复回想，反复思考，在回想和思考中反思。

第二天早自习，我当着全班同学的面说出了我担心他们出事的焦急心情，毫不掩饰我对他们的关心，也严厉批评了他们的错误行为，并且告诉全班同学：在集体中，做事不要仅考虑自己的感受，还要考虑别人的感受，更要考虑所在集体的感受。此外，我还强调了安全问题的重要性。在校期间，老师时刻关注着学生们，若有意外发生，会在第一时间采取有效措施。但出了校门，学生们的安全意识低，对危险的判断力弱，男生又十分冲动，存在许多危险的因素。

这件事对全班起到了比较好的教育作用，在那一周的周记中，90%的学生写了自己对这件事的看法，除"健哥"之外的四个学生都在周记中向我认了错，保证今后不会再做让大家操心的事了。而"健哥"的本子上只有短短的六个字：本周无事可记！我与"健哥"的第二次交手，无胜负！

"旷课事件"结束后，"健哥"很是沉默了一段时间，虽然学习依然不够努力，但却明显"安分"了很多。我几次试图与他沟通，都被他的沉默挡回。我很清楚，他一天不说出他的真实想法，就肯定还会有事发生。我们需要一次面对面的"碰撞"。

担心的事还是来了。这次"健哥"闯了个大祸。一节体育课上，"健哥"和他的几个小伙伴跟同年级的他班同学产生了矛盾，一言不合，还发生了肢体冲突，场面一度接近失控。学校领导十分重视，要求给予参与打架的学生合理的处分。作为班主任，我觉得又气又失望，一方面是我所在的班级成为这个学期首个打架的班级，另一方面我又为"健哥"等学生感到可惜：优越的教学条件，短暂的学习时光，自己不珍惜，反而一次次地任性妄为。可是问题还是要解决，简单粗暴的处分很难获得好的教育效果，我决定调查清楚问题所在，争取对症下药。

通过与另一个班级班主任的私下沟通，原来是因为我们班的学生正在操场上打篮球，却遭到其他班学生的"清场"，在这"关键时刻"有"担当"的"健哥"站了出来，与对方产生了激烈的语言冲突并率先动了手。

"健哥"等涉事学生正在学生处外等候。"健哥"的表情写满了不屑，仿佛自己干了一件了不起的大事，学校怎么处理都无所谓。

我知道该和"健哥"好好谈一谈了。

"健哥，开学没多久就受到学校的高度关注，这'关键先生'的称号是非你莫属了。"

"老师，你什么也别说了，我没有错。学校爱怎么处理就怎么处理吧，反正我在你们眼里本来就是个差生。"

"首先，老师并不是还要教训你，只是想跟你说明一个道理，打架是解决问题最低级的办法，原本你是有理的，却因你动了手，现在成为错最大的一个。这与你解决这件事的初衷是不相符的吧？"

"健哥"若有所思，是呀，明明是他们先来挑事，最后却没什么责任，我们班的几个人却都受到了处罚，显然不太对。

"这件事已经过去了，咱俩不谈对错，只谈一下若是再出现此类情况要怎么处理吧？"

"行。"

"你看，你是在为同学抱不平。明明是我们班的篮球场地，别的班还要过来，这显然是不对的，而你却为同学站在了前面，与他们对峙。假如再次发生类似的事情，我们是不是可以礼貌地回绝。若谈不妥，还有体育老师可以协调，你们是在正常地上体育课，体育锻炼这也是素质教育的一部分，你们有权利在规定的场地进行篮球活动。"

"找老师告状太没面子了！"

"找体育老师来协调场地问题，这不是丢人，恰恰说明了你的智慧，懂得隐忍，会运用合理的手段维护自己的利益。而且打架是不可取的，没有理的人才会打架。"

"健哥"想了想,回答我:"行吧。"

看来,我的管理还是没有打动"健哥",还是没有让他敞开心扉接纳我,但我不想放弃,也不能放弃。因为一个"健哥"搞不定,班里会冒出好几个"健哥",到那时候,就真的很难收场了。我与"健哥"的第三次交手,依然难分胜负!

后来,我利用近一个月的时间,和学生们一起讨论并修订了班级管理规定,让大家按照自己制定的"法规"管理自己,班里大部分学生开始慢慢认可这个新的集体,开始关心集体的荣誉,开始懂得"一荣俱荣,一损俱损"的道理。在这个环境里,"健哥"也慢慢开始收敛,虽然仍脾气火爆,但班里同学会第一时间冲上去制止,避免了不少矛盾的升级。

后记:

学生的行为规范养成是学生保持学习热情的基础。

1. 班主任要率先垂范,严于律己,行事风格要正。不能因为自己是老师而忽视了对自己的要求,要努力给学生示范正确的行为。

2. 建立合理的班级规范制度,根据本班情况由学生自己参与制定班规,让所有的要求成为学生的自觉。

3. 良好的引导。对于青春期的学生,不能一味高压,这样只会适得其反,要让他们明白行为规范的遵守不是限制自由,而是有利于他们成长。

全心触碰,静待花开

高一下学期开学第一周的周四下午,刚开完会的我就被班长急急地喊回教室。推开门,就看见"健哥"捂着脑袋,鲜血已经把夏季校服染透了。在几个男生七嘴八舌跟我汇报的同时,我首先想到的是控制好这个局面,不可以让冲突升级,至于是谁惹起的争端,又是谁率先引发的肢体碰撞,就统统在处理好学生们的伤势之后再一探究竟吧。我向大家喊到："先不要吵。对这件事，老师和学校会有一个公正的处理。至于谁的责任和事情的全貌，老师也会详细地向你们了解，现在，你们先回家，我送他去医院。记住，不可以再节外生枝。"

很多人默默点了点头，"健哥"此时也收敛了些许。望着他现在这般低落、委屈又愤慨的样子，我莫名有了一种想要真正改变他的想法。青春期的男孩子，身体得到了迅速的增长，而心智尚未成熟，正确的价值观念远未成形。尤其是像"健哥"这类令学校头疼的孩子，要付出更多的时间来引导他们。

我给"健哥"收拾了随身的东西，带着他打车到医院挂号问诊、拍 X 光片、缝针……三个多小时他一直沉默着，而我也在等他冷静后，主动和我聊起这件事。

其实，"健哥"的自尊心还挺强。虽然在就医的过程中"健哥"对我没有抵触，但他也没主动开口说事件的始末。我想，这起码说明他不是一个逃避责任、栽赃他人的孩子，并没有因为我对事件的不清楚而向我告状。

"为什么？"在我送"健哥"回家的路上他终于忍不住问我，"为什么一直不跟我的父母告状？难道是我惹的祸还不够大？"

"你是犯了错误，而且我也是费了很大的劲才忍下的。因为我想知道原因，跟你一样知道'为什么'。我会跟你的父母谈，但绝不是在我毫不知情的情况下。"

"你是个很特别的老师。"

"你也是我见过的最特别的学生。"

这是入学以来我们俩最长的一次谈话。

送"健哥"到家附近的一个路口后，他无论如何不让我再送，就站在原地，看着我走远。放心不下"健哥"的我在远处张望，发觉他好像不愿意径直走回家。或许是害怕父母的责备，或许是觉得丢脸，总之他的状态令我不安。毕竟，家庭才是人永远的避风港，家庭带给孩子的影响往往是他一生为人处世的源头。

第二天，学校处理打架事件时，我故意没有出现，但恳请领导把最后的谈话权留给我。当他身有残疾的父亲不停咕哝着请学校给孩子一个上学的机会时，当"横行霸道"的"健哥"含着泪表示想继续上学时，我知道——有救！

我对他说："老师很明白，你是一个有担当、有骨气的孩子，这次虽然惹上打架事件，学校也同意让你继续学业，因为我们的目的不是处分你，而是要让你明白什么是正确的。打架是不对的，冲动是会付出代价的；与同学产生矛盾时，不要急着压倒对方，不妨试着缓一缓再和对方谈谈。记住，事情总有解决的一刻，也总有最好的一种处理方式，但绝不是愤怒和冲动。"

"健哥"点点头。

学生们回班之后，我与"健哥"的家长聊了起来。得知"健哥"的父亲在落下残疾之后母亲又失业，家庭条件属于特困。他的父亲在聊到孩子的教育问题时也是唉声叹气，自责自己的身体不能为孩子带来舒适的生活条件，却总是将希望寄托在他的身上，期盼他能出人头地，摆脱目前艰苦的生活。当孩子在学校发生问题后就是一味地责骂甚至殴打……渐渐地，孩子与父母的隔阂越来越深，随着年龄的增长，现在基本已经管不了了。透过"健哥"父亲的话语，我似乎明白了"健哥"的所作所为，应该是为了掩盖自己内心的自卑。当某些事情触碰到了"健哥"的自尊心，他只能以暴力的方式来掩盖自己。

我让"健哥"的父亲在孩子回到家之后，落实两点：一是每天询问他当日的情况，包括午饭吃的什么，发生了什么有意思的事，和他聊天；二是每天都要鼓励他，不管大事小事，只要他做，就表扬鼓励。关怀的力量不容小觑。家校合作是教育学生最有效的方式。

期中考试结束后的某天早上，我刚进校门就看见班长气喘吁吁地跑来，边跑边喊："快，快！健哥，发型……"原来他又因为发型问题和同学发生了冲突。

我冲进教室，看到的是手持拖把、骂着脏话、满眼通红的他："你们还想让我怎样？"

"我都这样了你们还不满意？我要揍死他！"

看着这个在崩溃边缘的大男孩，我伸出右手，用力拍了拍他的肩膀，用尽可能温暖的声音在他耳边轻轻地说到："事情总有解决的一刻，也总有最好的一种解决方式，但绝不是愤怒和冲动，不是吗？我感觉今天的你棒棒的！"

话音一落，抬头就看见了他眼中的"不可置信"，他呼吸依然急促，但却不再暴怒，在全班同学的注视下，慢慢走到教室最后，放下拖把，回到座位，眼睛一直盯着我，似乎在问为什么。

我看懂了他眼里的疑问，大声地面对全班同学说出了理由："人都会犯错，犯错不可怕，可怕的是知错不改。表扬的理由很简单，这个以前一言不合就动手的人，今天学会了克制，虽然暴怒，但让我看到了改正的决心。"

那之后，我更是利用一切机会告诉全班，更是告诉他遇事的正确解决办法，利用一切可能的机会对他进行"正强化"，并不断对他"委以重任"，让他在组织活动的过程中寻找自信。比如在一次大风天，我让"健哥"带领同学们下楼清扫校园，他仿佛接受军令，立刻行动了起来：分发工具、划定区域、检查打扫情况，组织得竟然井井有条。

慢慢地，我发觉"健哥"在学习上也有了进步，作业尽管出错较多，但写满了认真。

有一天，我在走廊向操场无意望去，发现"健哥"在和曾经打过架的同学打羽毛球，他们笑得那样真实灿烂，一扫从前的剑拔弩张。期末考试时，我和学管主任聊天，她说，你班"健哥"的眼睛里有温度了！那一刻，泪水真的在我眼里打转，我知道，这一回合，双赢！

从此，我清楚地意识到，教育学生首先要了解学生，只有了解了学生才能增强教育的针对性；教育学生必须以关心爱护学生为前提，让学生时刻感受到家人、老师给予的温暖。只有真心去爱学生，热情关心学生，面对学生出现的问题有足够的耐心，你才能发现他们心中的"枷锁"，才能找到打开"枷锁"的钥匙。只有对每一位学生倾注教师的"全心"，触碰到他们的心灵，才能使教育成为真正意义上的教育。

叶圣陶先生说，教育是农业而不是工业，需要爱心与呵护，也需要静心等待。既然选择了教师这份职业，就让我们把"静待花开"的情怀装入行囊，行走在教育这条充满未知的路上，滋润万物，终身守望。

后记：

在与"健哥"博弈的过程中，我渐渐摸索出了几点教育心得。

1. 动之以情，消除其戒备心理。教育实践告诉我们，关爱是一种最有效的教育手段，教师的情感可以温暖一颗冰冷的心，可以使浪子回头，当学生体验到老师对自己的一片爱心和殷切期望时，他们才会亲其师而信其道。因此，只有满腔热情地对待每一个学生，特别是行为偏常生，给他们以无私的、真诚的爱，在学生有困难时及时关心帮助，使他们感受到班集体的温暖、老师的关怀，才能达到感化他们、教育他们的目的。

2. 尊重信任、平等对待是转化行为偏常生的关键。作为老师，我们应当多花一些时间了解行为偏常生，尊重、信任、理解他们，逐步消除他们的疑虑和自卑心理。要在课堂上平等对待他们，心里时刻装着他们，时时处处为他们着想。面对调皮捣蛋的学生时，教师要有涵养，不要急躁冲动，要机智巧妙地让问题得到妥善处理，激起他们学习生活的勇气，鼓励他们大胆地去改正错误，避免他们自暴自弃。

3. 坚持正面教育，发现"闪光点"。在热爱学生的教师心目中，没有不可救药的学生。教师要独具慧眼，善于发现行为偏常生的"闪光点"，帮助他们克服缺点的同时，鼓励他们发扬优点和长处，化消极因素为积极因素。

认真起来的人，能量不容小觑

一年来，经过学校、家长及"健哥"自己的持续努力，现在的"健哥"已经逐渐有了改变。高二开学后，我们见到的是一个阳光、快乐的大男生。

这一年，"健哥"懂事了。在学校里，他一改曾经的偏执，也在一点点地控制自己的情绪。好像是深谙"冲动是魔鬼，冲动不解决问题"的道理，曾经一点就炸的性格逐渐转变成现在的冷静和克制。作为班主任，欣慰之余，我也坚定了自己的教育理念：评价一个学生的好坏，不能只看成绩，学知识，增见识，习品德，养品行，缺一不可。

这一年，每当我与"健哥"的父亲通电话时，总能从他的话语中窥见一个父亲对儿子满满的关怀与乐观的期望。他们现在更像是朋友，从前的隔阂与不理解逐步瓦解，他们偶尔会谈起父亲学生时代的回忆，也会聊起儿子现在的学习生活，两个人正在以尊重、关怀、鼓励为中心向好发展。我敢确定的是，"健哥"也已不再为自己的家庭情况自卑。他的点点改变，同学们感受深刻。大家也开始乐于去了解他，倾听他，与他交谈，同他做朋友。

可是，临近期中考试，我发现"健哥"又开始反常了。只是这次，他不打架、不逃课，却异常沉默起来，甚至经常在课上走神。自习课时，难度较大的作业更是常常让他陷入苦恼。

于是，我找准机会，在午饭后和"健哥"长谈了一次，地点是在适合散步的操场，空气中散发着和煦阳光的味道。

"健哥，自己在这儿散步？最近怎么不打羽毛球了？"我从一旁的闪入像是打断了"健哥"的思绪。

"啊，老师好！最近觉得不太想打球，大家也都动得少了。"

"每天抽时间锻炼一会儿还是挺好的，对身体好。最近怎么样，老师觉得你好像有点心事。"

"老师，你觉得我这样的，成绩还能提高吗？会考还有戏吗？现在补课来得及吗？有些题目真的是无从下手，落下的太多了。"

看着"健哥"紧皱的眉头和沮丧的表情，我心里狠狠地骂了自己几句，怪自己没能早一点找"健哥"聊聊学习上的事。

"当然没问题。只要你想学，什么时候开始都不晚。你要知道，人的一生会遇到非常多的困难，只要用心去学习，用心去对待，时间会给你一个满意的答案。而且学到的就是自己的，就看你有没有决心为自己的目标而努力了。"

我充满激情的演讲，对"健哥"似乎触动不大，或许是他对自己的成绩真的感到失望吧。

"谢谢老师，我想学好的，起码能通过会考，不想掉队，可是，差的太多了……"

原来，我们"健哥"焦虑了，为毕业会考焦虑。看着"健哥"失落的表情，我却乐上了心头：我们的"健哥"真的长大了，开始为自己的前途着想了！

我仰起头，拍了拍这个一米八的大小伙子的肩膀说："健哥，老师相信你！"

"是吗？可是现在我总觉得很难下手……"

"有一部电影我很喜欢，《当幸福来敲门》，你看过吗？我给你讲讲？……给我印象最深的一个片段是父亲紧抱着自己的孩子在车站露宿，他强忍泪水，他的内心是很煎熬的，他的生活一团糟。但他没有被困难击溃，他在努力，不断挑战自己，不放弃一丝改变或突破自己的机会，最后的结局当然是他真的成功了并获得了大家的尊重，生活有了极大的改善。"

"健哥，一个人真的认真起来，他的能量不容小觑，加油！"

谈话之后，我发觉"健哥"有了心劲儿，我相信他为了通过会考会尽力一搏。作为班主任，为了保护他好不容易建立的自尊心，让他有学习的自信心，我也动了一番脑筋。

期中考试成绩分析会，我首先邀请学习优异的同学分享他们日常的学习经验，大家分别介绍了笔记的优化记录方式、复习的大概流程以及重点科目的学习计划。

学习进步比较大的学生分享了进步后的心情，总结了一下就是获得了三个提高：在家的地位提高了，每周的生活费提高了，玩游戏的自由度也大大提高了。说完后全班都笑傻了。

我还特地请了同专业的学姐来和大家分享学习经验。她说自己的语数外很差，一开始为了去韩国追星，就只疯狂地学韩语。结果发现，学习了一段时间后，居然开始爱上了学习，不但韩语拔尖，其他课程也慢慢变好了。在有了去韩国留学的目标后，她拼劲了全力，最后以优异的成绩申请到了心仪的学校，如愿出国。我发现"健哥"和其他学生的眼神中增加了些许坚定。

会上，我给大家定了一个集体目标：全员通过会考，不让一人掉队。不知道谁带了头，大家齐声喊道："全员通过！全员通过！"此刻的我似乎也被他们感染了，和他们一起挥着手臂。更让我开心的是，这个我为之付出了一年多心血的所谓的"差班"，正在形成一股让人羡慕的强大的合力，一股可以共同面对所有困难的强大力量。

之后，我让每个人都制定了自己的学习目标，"健哥"小声地说，"不考倒数第一就行"。目标虽然不大，但有目标才会有动力，才会为之付出努力。

之后很长的一段时间，班级的学习氛围空前高涨。课堂上大家都打起精神，互相提醒，互相监督，谁也不愿做那个拖后腿的人。课后，我常常看到临近的三四个人组成小组，互相提问背诵，正能量爆棚。为了让大家更有效率地学习，我通过一场提前策划好的游戏组成了学习互助小组，并悄悄让学习委员、班长跟"健哥"一组，一个负责答疑，一个负责督促，希望可以帮助"健哥"进步更大一点。

"健哥"刚开始很不好意思，后来在大家的感召下正式投入互助学习中。这不仅解决了他学习中遇到的问题，化解了课上跟不上的尴尬，同时也让我发现了他隐藏的一个优点：朗读。每次大家课文背不过的时候，总能听到"健哥"用他略带磁性的男中音，一遍遍地朗读，好几次大家都忍不住给他鼓起掌来。

与此同时，我还跟任课老师进行了沟通，请他们对"健哥"不着痕迹的重点帮助，譬如多一些鼓励，多一些提问，多一些单独的辅导，希望对他的自信心有所帮助。而我作为班主任，则通过聊天、谈话、周记等交流方式，适时进行心理疏导，耐心灌输"心灵鸡汤"，帮助他完成目标。

"健哥"自己也下了功夫，听他父亲说，"健哥"回家基本都不玩手机，周末也不跟朋友出去玩了，问他就说"大家都在用功，我不能掉队"，他还拉着爸爸妈妈来检查他的知识点背诵。这个改变，可真是让家人高兴了好久。

慢慢地，"健哥"的基础夯实了，起码在那些只要凭借记忆力便可获得分数的题目上，他的正确率出奇的高。英语老师甚至说："这孩子，太可以了！但凡见过的题，基本就没见他再错。"会考前的一次小测验，看到自己的成绩，"健哥"也终于露出了骄傲的笑容。

那两个月，班级的全体成员仿佛个个身负重任，都在向同一个方向奔跑、追赶。功夫不负有心人，最终，我们班不仅全员顺利通过会考，甚至这个入学排名倒数第二的班级，三科的平均分都位居中游。我们的"健哥"更是考出了全班第 23 名的成绩。

他笑了，笑得格外大声，甚至有点放肆。一转头，我看见他悄悄抹掉了不知何时爬上眼角的泪水。他通过努力完成了他曾经觉得困难无比的目标。他用实践告诉自己也告诉所有人：一个认真起来的人，能量真的不容小觑。

后记：

学习动机的激发是学校和教师老生常谈的问题。中职学生的学习动机较差是个普遍的问题，他们大多学习基础差、自信心缺失和没有建立学习目标。解决问题的关键在于把握学生个体的性格差异与鼓励的方式。

1.对于学习基础较差的学生，要激发他们的学习动机，首先是要建立与教师之间有效沟通的桥梁，有了沟通便可以适时了解学生的心理，从而精准协助学生突破心理障碍。

2.要通过更多的关心去关怀学生，杜绝不良的心理暗示。对于自尊心较强的学生，教师应充分尊重学生的性格，强行纠正和直接下任务反而适得其反，学生达不到目标更容易放弃努力。

3.我们作为教师更应该在接触学生的第一天便向他们灌输日积月累、积少成多的道理，一个行为习惯的养成不但会作用于学习成绩，更将对他们的未来发展产生良好的效果。

挑战自我，终待花开

会考之后，紧接着就到了寒假。全班同学全员通过会考的集体荣誉令每个人都欣喜万分。是的，大家都做出了最大努力，没有为班级拖后腿，都是好样的，展现出了强大的合力，在高二会考这个重要的关口上，大家明白了一个道理：付出总有收获，拼搏总会结果。

接下来，大家开开心心地迎接寒假，假期中，班级还组织了一系列的活动："我的年夜菜"、健身比拼、美文共赏等，大家通过活动更好地感受生活，融洽亲子关系。

借着通过考试的轻松，大家度过了一个惬意的假期。转眼开学，大家却突然发现，每个人都要面临一个重要的选择：实习就业或者升学。如果选择实习就业，那意味着要利用一个学期的时间提高自己的专业知识和技能；如果选择升学，那么对于初中基础不算好的同学，这个学期就成了追赶大部队的最后机会，把握住最后冲刺的机会。

"健哥"的选择其实一直很坚定：实习。学校为学生分析了实习、升学两条路线以及近期、长期发展的大体从业方向及利弊，并且尊重学生及其家庭的选择。毕竟，职业高中有很大部分的课程是围绕专业技能进行培训，与普通高中的教学方针不完全相同。就业实习并不是下策，毕竟，社会经验的积累、行业认知的积攒，都需要时间来磨砺，较早踏入社会的这批学生，将早于另一批成熟起来，虽然承担了社会压力，但个人阅历却快速增长。

"健哥"也在周记中表达了选择实习就业的想法。但是他担心自己的韩语实在是不怎么灵光，将来实习的时候，貌似就剩下酒店服务一个选择，自己很是郁闷，不是担心技能过不了关，而是担心自己的脾气不知道什么时候又跳脱了，会惹麻烦。我知道"健哥"已经成长了很多，但偶尔的突发事件谁也不能保证，就只好在周记里回复他："既然要选择实习就业这条充满挑战和机遇的大道，就踏踏实实地从小事做起，流过的汗水和泪水，在未来的某一天总会得到回报。"

只是这鼓励，却无法从根源上帮助"健哥"建立自信，他的迷茫还是时有时无。的确，高中两年的学习匆匆而过，对每个学生甚至每个家庭来说，实习还是升学是一次重要的选择。

一周后，一则导游选拔大赛的通知引起了"健哥"的极大兴趣。班长在教室里宣读通知的时候，只有他竖起了耳朵，并且一直用眼神问我："我可以去试试吗？"说实话，快两年了，我第一次在"健哥"眼里看到了光芒，一种跃跃欲试的光芒。能看出来，"健哥"对导游这种动静结合、阅历四方的职业很感兴趣。相较于酒店服务的工作，导游从业人员更多要在室外奔波，带领游客参观城市的大小景点，讲述一些风俗文化。这对于某些性格外向、乐于交朋友的人来说是非常合适的。而"健哥"恰恰就是点子多、待不住的那类人，也不奇怪他为什么会对导游大赛产生如此大的兴趣了。

他的想法也得到了我的认可。我对他说，导游是个很不错的职业，但同样也很辛苦。导游需要了解的很多，还要有认真服务好游客的觉悟。"健哥"像是信心十足，表示他期待这种每天都会有新挑战的工作，会好好备赛，虽然自己没有接触过相关课程的学习，但好在现在网络信息发达，短时间的突击应该是没什么问题，况且自己经过会考复习的锻炼，也懂得了复习考试的关键点。

"健哥"的反馈令我感到意外。谁会想到这个一年前还经常打架、不爱学习的男孩，现在居然会为了自己的前途担忧。他会迷茫，但同时也在期待着踏入社会去闯荡一番，不放弃任何机会，为了自己再拼搏一次。

初赛前夕，从未接受过专业学习的"健哥"很是忐忑，但准备非常认真。他和几个参与报名的同学组成了学习小组，在中午及放学后一同背导游词，练习发声，准备才艺。那半个月左右，他们在"健哥"的带领下相互提问，讲解导游词，并加入了很多自己的观点。出乎很多人的意料，"健哥"最终居然通过了初赛，进入了集训队，成了队里唯一的"门外汉"。

为了备战市赛，集训队不仅平日训练，就连周末也加班加点，甚至"五一"也没放假。繁忙的培训令每个人都紧张了起来，大家有一个共同的目标，通过选拔，进入五人名单，代表学校去争取荣誉。

学校选派了最优秀的老师对大家进行全面的辅导，老师们也主动放弃休息时间，与这些学生们一同进退，希望能在第一时间发现学生的问题并拿出解决方案，也期待自己的付出能换来学生们的好成绩。

然而，第一次参与如此高强度学习的"健哥"，还是出问题了。集训老师找到我告状，"五一"假期集训期间，"健哥"有一天晚上偷偷跑出去上网了。得到消息后，我的心情很不好，担心他这个时候退缩了、放弃了，那之前的努力就真的白费了，好不容易鼓起信心参加选拔，没有被对手打败却输在了不敢面对，我心急如焚。

在一次午休的时间，我摇起来趴在桌子上的"健哥"。

"最近导游大赛备考学习推进得怎么样？"

我想先了解一下"健哥"的学习情况，因为一味批评不但起不到教育的效果，反而还会引起学生更大的叛逆心理。

"健哥"摇摇头说："和初赛的死记硬背相比，现在需要很多更深入的知识，还要变成自己的话说出来，太难了，我的基础又差，很吃力。"

"健哥，你要知道比赛就是这样的规则。大家都在一个公平的起跑线上，只不过你从没接触过导游这门课程，相比于其他人学得有点吃力也是能理解的，但你能通过初赛，这就证明你具有一定的天赋，老师也觉得你适合去做旅游业。"

"老师，集训安排得太紧了，我从一开始就觉得不适应。我也知道你为什么来和我谈话，"五一"期间我觉得很累，学得头昏脑涨，又记不住，就想出去打会儿游戏放松一下。最近这两天慢慢确定自己不是这块料，吃不了这碗饭。"

"健哥"的话语中透露出想要放弃，甚至有种故意去上网犯错的意味。

"健哥，你觉得老师喜欢教育这个行业吗？是的，我爱这个职业，这个职业也带给了我很大程度上的荣誉感。但只是喜欢就能把工作做好吗？不是的。你知道吗，为了当一个好老师，我一直在挑战和提高自己。我考出了导游证，考出了心理咨询师证，我认真备课讲课，参加市级比赛获奖，为了什么？我知道你是喜欢导游这个工作的，现在参加的集训不正是可以提高自己的机会吗？"

"老师，我是喜欢这个行业，但是接触了下来，发现学的东西一点都不少，真的挺难的。"

"难，说明门槛高，不是随随便便就可以做的。也正是这样，你才会在将来脱颖而出。不要放弃这次集训机会，加把劲儿，学到的都是自己的。记住，努力过了就算失败了也不后悔。"

"健哥"握了握拳头，回答了我一个字："行！"

最终的选拔赛，十人参赛，五人入选，健哥排名第六。他的眼角有泪，但紧握的拳头和坚定的眼神告诉所有人，他收获了成长。

实习时，辅导"健哥"的导游老师极力推荐他去旅行社，健哥也欣然答应，成了当年唯一一个非导游专业去旅行社实习的学生。

后来，"健哥"考出了导游证，他的努力终究帮助他在导游员的岗位上继续追梦。

后记：

中职学生的职业规划是重要的。中职学校培养了大量具有较高社会素质、有一定创新能力的应用型人才。十分有必要对学生加强职业规划和素质教育，培养他们的创新意识。我认为，做好中职学生的职业规划，需要做好以下几点。

1. 让学生们清楚地认知自己的学习、处事、交往能力，根据他们的个人性格提供职业规划建议。

2. 树立中职学生踏入社会进行实习的自信。调动他们投入工作的热情，告知他们实习工作也是一条尽早成熟的捷径。

3. 培养中职学生热爱学习、不断接受改进的作风，引导他们多争取机会，丰富自己的工作经验。

4. 班级的目标和个人的目标要协调一致，让尽可能多的学生在集体力量的带动下找到自己的发展目标和方向，真正实现各美其美、美美与共的"双元耦合"的发展模式。